세상을 잇는 그물

통신

세상을 잇는 그물
통신

신현수 글 | 최상훈 그림

주니어김영사

인류의 생활을 바꾼 통신 수단

　먼 곳으로 전학을 간 친구와 소식을 주고받으려면 어떻게 해야 할까요?
　전화를 하거나 컴퓨터로 전자 우편을 보낼 수도 있겠지요? 휴대 전화가 있다면 간편하게 문자 메시지를 띄울 수도 있고요.
　또 다른 방법은 인터넷 메신저를 통해 대화를 하는 거예요. 친구가 홈페이지나 블로그 같은 온라인 공간을 운영한다면 그곳을 방문해 글을 남길 수도 있고요. 물론 편지나 엽서를 띄울 수도 있답니다.
　이처럼 우리들은 여러 가지 방법으로 먼 곳에 있는 친구와 소식을 주고받을 수 있어요.
　이렇게 서로 거리가 떨어진 곳에 있는 사람들끼리 소식이나 정보를 주고받는 것을 '통신'이라고 해요. 이때 사용하는 여러 가지 방법을 '통신 수단'이라고 하고요.
　지금은 첨단 과학의 발달로 아주 먼 곳에 있는 사람과도 언제 어디서든 아주 빠르게 소식을 주고받을 수 있어요. 또 먼 나라에서 일어난 소식도 바로 옆집 소식처럼 빠르고 정확하게 접할 수 있지요.

심지어는 사람과 사람끼리만 통신을 하는 게 아니라, 보이지 않는 컴퓨터망을 통해 사람과 사물이 언제 어디서든 정보를 주고받는 유비쿼터스 시대가 되었어요.

이 책은 횃불과 연기로 소식을 전한 고대에서부터 유비쿼터스 시대가 된 현대에 이르기까지 세계 통신의 역사를 한눈에 볼 수 있게 꾸몄습니다.

갖가지 통신 수단의 발달로 인류의 생활은 어떻게 편리해 졌는지, 또 그 속에는 어떤 재미난 이야기들이 담겨 있는지, 이 책을 읽으며 함께 알아보아요.

신현수

차 례

인류의 생활을 바꾼 통신 수단_4

고대 통신 수단, 봉수
낮에는 연기로 밤에는 횃불로_8

말과 비둘기를 이용한 통신
파발마야, 전서구야. 빨리, 더 빨리!_20

클로드 샤프의 시각 신호기
회전 나무 팔의 모양을 읽어라_34

모스의 전신기 발명
전기 통신이 시작되다_44

그레이엄 벨의 전화
전선을 타고 목소리가 들려와요_55

마르코니의 무선 전신
전파를 이용한 통신 시대 열리다_67

로랜드 힐의 근대 우편 제도
편지요, 편지!_78

베어드의 TV 발명
요술 상자 속에서 새로운 소식이!_90

정보의 바다, 인터넷
지구를 하나로 잇는 거대한 그물_100

휴대 전화를 이용한 이동 통신
언제 어디에 있든 통한다!_112

유비쿼터스 시대
사람과 사물이 통하는 세상_121

알아두면 좋아요!_129

고대 통신 수단, 봉수

낮에는 연기로, 밤에는 횃불로

아주 오랜 옛날, 사람들은 산봉우리처럼 높은 곳에서 횃불과 연기를 피워 올려 급한 소식을 전했어요. 우리나라에서는 가야 시대부터 횃불을 통신 수단으로 썼다는 기록이 있어요. 고대 중국과 아메리카, 그리스 등에서도 횃불과 연기로 소식을 알렸다고 해요. 조선 시대에는 이러한 통신 수단을 '횃불 봉(烽)'자와 '연기 수(燧)'자를 합쳐 '봉수'라고 했지요.

가야의 첫 임금, 수로왕 때의 일이었어요.

수로왕은 임금이 된 지 7년이 지났지만 왕비를 맞을 생각을 하지 않았지요. 신하들은 한자리에 모여 논의한 끝에 수로왕에게 아뢰었어요.

"전하께서 아직 좋은 짝을 맞지 않으시어 몹시 안타깝사옵니다. 하루빨리 나라에서 아름답고 어진 처녀를 뽑아, 왕비님으로 삼으소서."

그러나 수로왕은 고개를 저으며 말했어요.

"나는 하늘의 명을 받고 하늘에서 내려온 임금이오. 왕비 또한 하늘에서 내려 줄 것이니 그대들은 염려 마오."

그로부터 얼마 뒤, 수로왕은 유천간이라는 신하를 불러 명령했어요.

"그대는 횃불 밝힐 준비를 해서 망산도로 가시오. 오늘 왕비가 될 여인이 붉은 돛에 붉은 깃발을 단 배를 타고 올 것이오. 배가 오면 횃불로 신호를 보내시오."

수로왕은 또 신귀간이라는 신하에게는 이렇게 말했어요.

"그대는 날쌘 말을 준비해 승점 고갯마루에서 기다리시오. 그러다 망산도에 횃불이 올라오면, 궁궐로 빨리 달려와 소식을 알리시오."

망산도는 지금의 부산시 의창군 낙동강 어귀에 있던 사람이 살지 않는 바위섬이었어요. 국경 근처 최전방이니, 외적으로부터 가야를 지키는 아주 중요한 곳이었지요. 또 승점은 '말을 타는 정거장'이란 뜻이에요. 가야의 수도가 지금의 김해였기 때문에 망산도와 김해의 중간쯤에 있었을 것으로 추측하고 있지요.

두 신하는 곧 군사들을 이끌고 각각 망산도와 승점 고갯마루로 향했어요. 유천간은 언제라도 활활 타오르는 횃불을 올릴 수 있도록 군사들을 시켜 장작을 넉넉히

> **가야** 삼국이 건국될 무렵 낙동강 유역에 세워진 여섯 가야를 한꺼번에 일컫는 말이야. 초기에는 김해의 금관가야, 후기에는 고령의 대가야가 가야 연맹을 앞장서 이끌었어. 가야는 기름진 평야를 바탕으로 농업이 크게 발달하고 철기 생산이 활발했어.
>
> **수로왕(?~199년)** 가야의 시조이자 김해 김씨의 시조이지. 가야 건국 설화에 따르면 하늘에서 내려온 신성한 여섯 개의 황금 알 가운데 첫 번째 알에서 태어나, 부족장 9명의 추대를 받아 왕이 되었다고 해.

지피게 했어요. 또 신귀간은 말이 먼 길을 날쌔게 달릴 수 있도록 배불리 먹이고 푹 쉬게 했지요. 준비를 마친 두 신하는 배를 타고 올 왕비를 초조하게 기다렸어요.

얼마 지나지 않아 바다 끝 수평선 멀리 붉은 돛을 단 배가 나타났어요. 배가 붉은 깃발을 펄럭이며 다가오자, 유천간은 군사들에게 바삐 지시했어요.

"배가 도착했다! 어서 빨리 횃불을 올려라!"

군사들은 활활 타오르는 커다란 횃불을 번쩍 쳐들었어요.

승점에 있던 신귀간은 망산도에서 올린 횃불들을 보았어요. 군사들과 함께 곧바로 말에 올라 궁궐로 향했지요.

"이랴! 어서 궁궐로 가자! 어서 전하께 왕비님이 오신 소식을 알리자!"

그 사이 왕비를 태운 배는 육지 가까이 들어왔어요. 신귀간은 날 듯이 궁궐로 달려가 수로왕에게 이 사실을 아뢰었어요.

"전하, 지금 왕비님을 태운 배가 도착했사옵니다."

수로왕은 몹시 기뻐하며 손수 왕비를 모시러 갔어요. 그 여인은 아유타국이란 먼 나라에서 온 공주로 성은 허, 이름은 황옥이었어요. 수로왕은 허 왕후와 성대한 혼인식을 치른 뒤 가야를 훌륭히 다스렸답니다.

> **아유타국** 아유타국이 어디였는지는 정확하지 않아. 일본에 있던 가락국에서 갈라져 나온 작은 나라라는 이야기, 기원전 1세기 인도에 있던 아요디아 왕국이 건설한 식민국인 타이의 아유티야라는 주장, 중국 쓰촨성 진주 지역에 살던 허씨족이 이주해 와서 살던 곳이라는 의견 등이 있어.

이 이야기는 일연 스님이 지은 《삼국유사》에 기록되어 있어요. 가야 수로왕이 허 왕후를 맞을 때, 신하들이 허 왕후가 온 소식을 어떻게 궁궐까지 전했는지 상세히 적혀 있지요.

여기에서 바로 고대 통신 수단인 봉수, 그 가운데서도 횃불 이야기가 나와요.

높은 산봉우리에 몇 십 리 간격으로 봉수대를 설치하고, 밤에는 횃불을 올리고, 불빛이 잘 보이지 않는 낮에는 연기를 피워 궁궐이나 변두리 기지에 급한 소식을 알린 거예요.

《삼국유사》의 기록을 통해 우리나라에서는 이미 가야 시대에 봉수를 썼다는 것을 알 수 있어요.

우리 조상들은 삼국 시대에도 봉수를 썼어요. 하지만 봉수대를 쌓고 봉수군을 두어 봉수 제도를 조직적으로 운영한 것은 고려 의종 때부터예요.

조선 시대에는 세종 때부터 봉수 제도가 더욱 확실한 국가 통신 수단으로 굳혀지고 발달했어요. 국경이 있는 봉수대에서 다음 봉수대로, 또 그 다음 봉수대로 횃불과 연기를 전해서, 한양 목멱산(지금의 남산)에 있는 중앙 봉수대까지 급한 소식이 전해지게 했으니까요. 그래서 나라 어디에서 봉수를 피워 올려도 중앙 봉수대에는 12시간 안에 도착했어요. 그러면 신하들은 그 소식을 궁궐에 있는 왕에게 급히 알렸고요.

횃불과 연기를 이용한 통신은 우리나라뿐 아니라, 세계 여러 나라에서도 많이 쓰였어요. 아마 인류가 불을 지필 수 있었을 때부터 횃불과 연기를 통신 수단으로 썼을 거예요.

중국에서는 주나라 시대부터 봉수 제도가 시작돼 당나라 시대에 완전히 뿌리를 내렸어요. 그래서 지금도 만리장성에는 15,000여 개의 봉수대가 남아 있어요.

또 고대 로마에서는 도시와 도시 사이에 높은 탑을 세워 꼭대기에 횃불을 피워 올려서 소식을 전달했어요. 첫 번째 탑에서 횃불을 올린 것을 보고, 다음 탑에서 횃불을 올리는 식이었지요.

아메리카 인디언들도 소식을 주고받을 때 횃불을 피워 담요를 걷었다 덮었다 하는 방법으로 연락을 주고받았다고 해요.

> **만리장성** 중국 북쪽에 쌓은 성벽을 말해. '인류 최대의 토목 공사'로 불리는 거대한 유적으로, 중국 역대 왕조들이 북방 민족의 침입을 막기 위해 쌓은 거야. 지도 상의 총 길이는 2700km이지만 중간에 갈라져 나온 지선들까지 합치면 5000~6000km에 이르지. 중국의 거리 단위인 리(0.5km)로 셈하면 1만 리가 넘기 때문에 '만리장성'이라는 이름이 붙었어.

통하면 통하는 통신 이야기

조선 시대의 봉수 제도

우리나라의 봉수 제도는 조선 세종 때에 와서야 짜임새 있게 마련 됐어요. 약 10~40리 정도의 거리를 두고 서로 마주 보이는 높은 산꼭대기에 봉수대를 설치했는데, 전국적으로 약 610개(제주도까지 합치면 673개)나 되었어요.

봉수대는 크게 경봉수, 연변 봉수, 내지 봉수 등 세 가지예요.

경봉수는 한양 목멱산(지금의 서울 남산)에 설치된 중앙 봉수대로, 목멱산 봉수라고도 했어요. 연변 봉수는 국경이나 바닷가 근처 등 최전방에 둔 봉수였는데, 통신 시설뿐만 아니라 국경을 지키는 초소이자 수비대 구실까지 했어요. 내지 봉수는 경봉수와 연변 봉수를 잇는 중간 봉수로, 그 수가 가장 많았고요.

▲서울 중구 남산에 있는 봉수대
조선 시대에는 전국 다섯 곳에서 나뉘어 오는 지방 봉수를 받아 왕이 사는 궁궐로 소식을 전했어요. 그래서 경봉수에는 봉수대가 다섯 개예요.

전국의 봉수대는 하나의 길처럼 연결돼 있었어요. 함경도 경흥, 경상도 동래, 평안도 강계, 평안도 의주, 전라도 순천 등 전국 다섯 곳의 연변 봉수에서 출발해 각각 다섯 길로 나뉜 연락망을 통해 줄줄이 여러 봉수대를 거쳤거든요. 그렇게 해서 맨 마지막에는 중앙 봉수대인 경봉수로 모여 들었고요. 다섯 곳에서 온 정보를 경봉수에서 보고하면, 승정원에서는 이를 국왕에게 알렸어요.

　각 봉수대에는 6~10명의 봉수군과 감독관인 오장을 두어 5~10일 마다 교대로 일하게 했어요. 중앙 봉수대인 경봉수에는 봉수군이 20명까지 있었다고 해요.

　봉수는 어떻게 올렸을까요? 낮에 연기를 피워 올릴 때는 나뭇가지 땔감 속에 소나 말 같은 동물의 똥을 섞어 태웠어요. 그러면 연기가 짙어지고 곧게 올라가, 먼 곳에서도 아주 잘 보였거든요. 또 밤에 횃불을 올릴 때는 싸리나무 속에 관솔을 넣어 불을 지폈어요. 그러면 아주 오랫동안 횃불이 활활 타올랐다고 해요.

　봉수를 올리는 데도 규칙이 있었어요. 아무 일 없이 평화로

▲해동팔도봉화산악지도
17세기 후반에 만든 것으로 추측되는 지도이다. 조선 전역의 봉수대가 자세하게 나타나 있다.

울 때는 한 개의 봉수만 올렸어요. 적이 멀리 나타나면 두 개, 가까이 오면 세 개, 국경을 넘어 쳐들어오면 네 개를 올렸지요. 그러다 적과 맞붙어 전쟁을 하게 되면 다섯 개의 봉수를 피워 올렸어요.

특히 조선 시대에는 외적이 나타나거나 쳐들어오는 등의 급한 소식이 없을 때도 하루에 한 번씩 평화의 신호로 한 개의 봉수를 올렸어요.

봉수 제도는 사람이 직접 가거나 말을 타고 가는 것보다는 빨리 소식을 알릴 수 있지만, 자세한 내용을 전하기 어렵다는 단점이 있었어요. 또 비나 안개, 구름 등에 가려 봉수로 연락하는 게 힘들 때도 있었지요. 그럴 때는 봉수군이 직접 다음 봉수대까지 달려가 보고하거나 화포를 쏘고 깃발을 올리는 방법 등을 썼어요.

조선 시대의 봉수 제도는 위급한 소식을 궁궐에 알리고 백성들의 생활을 안정시키는 데 큰 몫을 했어요. 그러다가 전신과 전화 등 근대

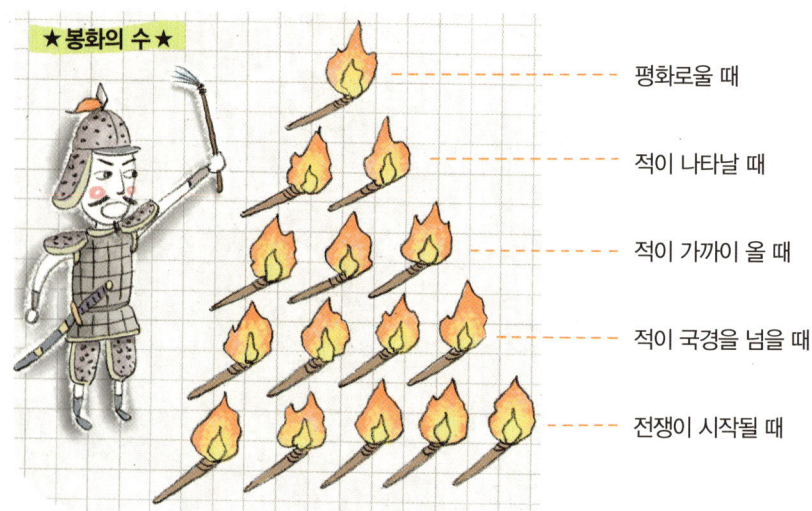

★봉화의 수★
- 평화로울 때
- 적이 나타날 때
- 적이 가까이 올 때
- 적이 국경을 넘을 때
- 전쟁이 시작될 때

통신 수단이 들어오면서 점차 사라졌지요.

신과 인간과의 통신을 위한 안테나, 솟대

옛날 우리 조상들은 마을의 평화와 풍년을 빌기 위해 마을 입구에 솟대를 세웠어요. 솟대는 나무나 돌로 만든 새를 장대나 돌기둥 위에 앉힌 것이에요. 대부분 장승, 선돌, 돌탑, 신목 등과 함께 세워져 마을 사람들의 신앙의 대상이 되었지요.

아주 오랜 옛날부터 인류는 원하는 바를 하늘에 전하고 싶어 했어요. 하늘의 도움으로 모든 일이 뜻대로 이루어지기를 바란 것이지요.

공중에 높이 세워 다른 곳으로 전파를 보내거나 받아들이는 장치를 안테나라고 해요. 솟대는 바로 인간과 하늘과의 통신을 위한 안테나였어요. 그래서 정월 대보름날이면 마을 제관이나 무당들이 솟대를 통해 마을 사람들의 바람을 하늘에 전하고, 하늘의 뜻을 받아 마을 사람들에게 전하는 역할을 했어요. 이런 까닭에 솟대는 인간과 하늘을 이어주는 통신 수단이자, 안테나의 기원으로 평가되기도 한답니다.

▲나무로 만든 새를 장대 위에 앉힌 솟대

문자와 종이의 발명

인류의 통신 생활에서 최초의 수단은 '말' 즉 언어였어요. 인간은 동물과 달리 언어를 통해 주위 사람들에게 지식이나 정보, 소식, 약속을 전달했어요.

하지만 언어는 한번 내뱉고 나면 사라지는 단점이 있었어요. 그래서 인류는 말을 기록할 문자의 필요성을 느꼈지요.

인류 최초의 문자는 기원전 3천 년경 메소포타미아 지역에 살던 수메르 사람들이 사용한 그림 문자였어요. 사물은 그림으로 표현하고, 숫자는 짧은 선이나 원을 반복해서 나타낸 것이었지요. 수메르 사람들은 갈대 가지로 만든 끝이 뾰족한 펜으로 부드러운 점토판에 이 문자를 썼어요. 그 모양이 쐐기 모양이어서 '쐐기 문자' 혹은 '설형 문자'라고 하지요.

▲점토판에 새겨진 수메르 족의 쐐기 문자

이집트에서는 사물의 모양을 본떠 만든 글씨, 즉 상형 문자를 사용했어요. 그 뒤 기원전 1500년경에 중국에서 한자가 발명되었고, 비슷한 시기에 페니키아 사람들은 스물두 개의 자음으로 된 문자를 발명했어요. 여기에 모음 네 개를 추가한 것이 그리스 문자였고, 로마 사람들이 이를 받아들여 쓴 라틴 문자가 알파벳의 기원이 되었어요.

문자를 발명한 뒤 사람들은 문자를 기록하고 저장하는 수단을 찾았어요. 그래서 베나 나무껍질, 양가죽 등에 글자를 써서 남겼지요. 특히 이집트 사람들은 갈대의 일종인 파피루스 줄기의 껍질을 벗기고 속을 가늘게 찢은 뒤, 가로 세로로 겹쳐 엮고 두드려 평평하게 만든 것 위에 글씨를 썼어요.

최초의 종이는 중국의 관리인 채륜이 105년에 대나무 껍질과 삼베, 어망 따위를 물에 풀어 빻은 뒤, 판판하게 펴서 햇빛에 말려 만든 것이에요. 종이는 그 당시 주로 글씨를 적던 비단보다도 값은 싸고 재료가 풍부했을 뿐만 아니라 질도 뛰어났어요. 그래서 종이를 만드는 법은 중국에 빠른 속도로 퍼졌고, 세계 여러 나라에 전해졌어요.

종이가 발명됨으로써 인류는 더 많은 정보를 저장하고 지식과 소식을 전달할 수 있게 되었어요.

말과 비둘기를 이용한 통신

파발마야, 전서구야. 빨리, 더 빨리!

교통과 통신 수단이 발달하지 않은 옛날에는 급한 소식을 전하려면 사람이 직접 걸어가거나 말을 타고 가야 했어요. 말을 타고 가서 소식을 전하는 것을 파발, 혹은 역참 제도라 했지요. 또 비둘기 발에 긴급 통신문을 매달아 보내기도 했는데, 이런 비둘기를 전서구라고 했어요.

"딸랑 딸랑 딸랑……. 딸랑 딸랑 딸랑……."

창 밖에서 요란한 방울 소리가 들려왔어요. 몽고 제국의 수도 카라코룸에서 멀리 떨어진 한 역참을 지키던 파발꾼은 바짝 긴장했어요.

밖을 내다보니 역시 뽀얀 흙먼지를 일으키며 파발마 한 필이 급히 달려오고 있었어요. 방울 소리는 파발마에 탄 바로 전 역참의 파발꾼이 흔들어 대는 소리였고요.

'오늘따라 방울 소리가 요란하고 급한 것 같아. 게다가 파발마도 보통 빠른 게 아닌걸. 아무래도 아주 급한 소식이 있는 모양이야.'

역참을 지키던 파발꾼은 옷차림을 단단히 하고 급히 길 떠날 채비를 했어요. 또 대기시켜 두었던 파발마 가운데 가장 튼튼하고 날쌘 말의 고삐를 풀었어요.

그 사이, 먼 곳에서 달려온 파발꾼이 급히 말을 멈추게 했어요. 그는 매 그림이 새겨진 마패를 내보이며 소리쳤어요.

"긴급 전령이오! 변방에서 내전이 일어났소! 어서 다음 역참으로 통신 문서를 전하시오!"

"알았소. 곧 떠나리다."

긴급 통신 문서를 건네받은 다음 파발꾼은 급히 새 파발마에 올라탔어요. 그러고는 한 손으로는 말고삐를 잡아당기고, 다른 손으로는 말의 엉덩이를 채찍으로 세게 휘갈겼어요.

"이럇! 몽고 제국의 칸께 전할 긴급 전령이다. 파발마야, 바람보다도 더 빨리, 번개보다도 더 날쌔게 달려가자!"

새 파발마는 주인의 말을 기다렸다는 듯, 다음 역참을 향해 쏜살같이 내달렸어요. 그제야 바로 전 역참에서 달려온 파발꾼은 큰 숨을 내쉬었어요.

"어휴, 카라코룸까지 어찌나 쉴 새 없이 달려왔는지 정신이 하나도 없구나."

역참에서 일하는 사람들은 임무를 잘 마친 파발꾼과 파발마를 위해 먹을거리와 편안한 잠자리를 내어 주었어요.

> **몽고 제국** 1206년에 몽고 부족 출신의 칭기즈 칸이 세운 세계 역사상 최대의 제국을 말해. 영토를 인도·동남아시아·서유럽을 제외한 유라시아 전역까지 넓혔고, 1303년에는 원나라를 세웠어. 하지만 1368년에 원나라의 멸망과 함께 무너지고 말았지.

13세기 초, **칭기즈 칸**이 세운 몽고 제국에는 이처럼 말을 타고 가서 나라의 급한 소식을 빠르게 전하는 역참이란 통신 제도가 있었어요.

몽고말로 쟘(jam)이라고 부르던 역참은 우리말로는 '말을 갈아타는 정거장'이라고 할 수 있어요. 중앙의 관리나 사신들이 지방에 갈 때 말을 갈아타고 묵어가는 곳이었지요.

몽고 제국에는 수도에서 변방에 이르기까지 각 지방으로 뻗어 나가는 주요 도로에 40~50km마다 역참이 거미줄처럼 촘촘히 설치돼 있었어요. 또 역참과 역참 사이에 작은 마을이 있었는

데, 긴급 통신 문서를 갖고 역참 사이를 나르는 파발꾼이 그곳에 살았어요. 또 이 파발꾼이 타고 가는 말을 파발마라고 했지요.

　모든 역참은 숙박 시설과 마구를 갖추고 있었고, 3백~4백 필의 말을 길렀어요. 그 가운데 절반은 금방이라도 급한 전령을 전하러 길을 떠날 수 있게 대기시켜 두고, 나머지 절반은 넓은 초원에 풀어 두고 단련을 시켰지요.

> **칭기즈 칸(1155년경~1227)** 몽고 제국을 세운 사람으로, 이름은 테무친이야. '칭기즈'란 '하늘의 아들'이라는 뜻이지.
> 1215년에 몽고 부족의 원수인 금나라를 토벌했고, 1219년부터 서역 정벌에 올라 세계 역사상 가장 큰 제국을 건설했어. 비단길(Silk Road)을 다시 열어 마르코 폴로와 그리스도교 선교사들이 아시아를 왕래할 수 있게 해, 동서양의 문화 교류에 큰 업적을 남겼지.

수많은 방울이 달린, 폭이 넓은 띠를 허리에 맨 파발꾼들은 파발마를 타고 힘껏 내달려 다음 파발꾼에게 전령이 담긴 통신 문서를 건넸어요. 이렇게 하면 사람이 걷거나 뛰어갔을 때 족히 한 달은 걸릴 소식이라도 단 일주일이면 전할 수 있었지요. 또, 최종 목적지가 아무리 멀리 떨어져 있어도, 파발꾼은 다음 역참까지만 달려가면 임무를 끝낼 수 있었어요. 혹시 전쟁으로 역참 곳곳이 파괴되더라도 남은 역참만으로도 얼마든지 소식을 전할 수 있었고요.

특히 내란이나 반란 같은 긴급한 군사 정보나 분초를 다투는 문서를 왕궁에 빨리 전해야 할 때는 '급체포'를 이용했어요. 급체포는 긴급 문서를 전하는 특수 역참이었는데, 여러 역참에서 말을 바꿔 타가며 하루 밤낮에 400km를 달려가야 했어요. 그래서 급체포를 이용하면 일반 역참으로 일주일 넘게 걸리는 거리를 3, 4일만에 갈 수 있었지요.

이처럼 나라의 급한 소식을 이어달리기 하듯 빠르게 전하는 역참 제도는 몽고 제국이 영토를 넓히는 데 아주 큰 역할을 했어요. 13세기 말 이탈리아 사람인 마르코 폴로가 쓴 《동방견문록》이란 책에도 몽고 제국의 역참 제도가 자세하게 설명돼 있지요.

칭기즈 칸의 손자 쿠빌라이가 세운 중국 원나라에서 역참 제도는 더욱 발전했어요. 수도인 칸발리크(지금의 베이징)를 중심으로 사방팔방에 세워진 역참이 온 나라를 연결했고, 동쪽으로

▲칭기즈 칸의 초상화

는 고려와 만주, 서쪽으로는 중앙아시아를 거쳐 이란과 러시아에 이르는 교통로에 역참이 있었지요. 또 남쪽으로는 베트남과 버마에까지 역참들이 서로 연결돼 있었어요. 그때 중국 안에 있던 역참만도 1500군데라고 하니, 역참 제도가 얼마나 발달했는지 알 수 있겠지요?

원나라의 역참은 육로에만 있었던 것이 아니에요. 해안 지방에는 물길을 이용하는 수참을 두어 배를 이용했고, 추운 북쪽 지방에는 구참을 설치해 눈썰매와 개를 준비시켜 두었어요.

파발마를 이용한 역참 제도는 몽고 제국에서 가장 크게 발달했지만 세계 다른 나라에도 비슷한 제도가 있었어요.

우리나라에도 신라 시대부터 사람이 걸어가거나 말을 타고 가서 소식을 전하는 우역 제도가 있었어요. 특히 조선 시대에는 파발 제도가 크게 발달해, 긴급한 군사 정보나 변방의 위급한 소식, 시각을 다투는 행정 문서를 중앙과 지방으로 연결하는 중요한 통신 수단의 역할을 했어요.

또 고대 페르시아에는 '앙가리아'라는 역참 제도가 있었어요. 수도를 중심으로 일정한 거리마다 말과 사람을 두고, 중요한 보고나 명령을 말을 이어 타고 전달하는 것이었지요.

로마에서도 이와 비슷한 제도가 있었어요. 이때 지친 말을 갈아탈 수 있는 장소를 'Post'(포스트)라고 했는데, 우편 제도를 영어로 'Post service'라고 하는 것은 여기서 비롯되었다고 해요.

이밖에 중국에서도 진한 시대부터 역참 제도가 있었는데, 원나라를 거쳐 명나라 시대에 크게 발달했어요.

통하면 통하는 통신 이야기

조선 시대의 파발 제도

　조선 시대에는 파발 제도가 크게 발달했어요. 이는 봉수 제도와 우역 제도가 임진왜란 같은 큰 전쟁에서 위급 상황을 전달하는 역할을 제대로 하지 못하자 등장하게 된 거예요.

　파발 제도는 처음에는 변방의 위급한 군사 소식만을 전하는 임시 수단이었어요. 그러다가 시각을 다투는 급한 행정 문서를 전달하는 수단으로도 널리 쓰이게 되었지요. 특히 파발 제도는 통신 내용이 문서로 전달되기 때문에 정보가 정확하고, 비밀을 유지할 수 있다는 장점이 있었어요. 그러나 봉수에 비하면 경비가 많이 들고 속도도 훨씬 더디다는 단점이 있었지요.

　조선 시대의 파발 제도는 크게 기발과 보발로 나뉘었어요. 기발은 말을 타고 가서 소식을 전달하는 것으로, 20~30리마다 말을 쉬게 하는 참을 두었어요. 참은 대부분 기존 역참 시설에 겹쳐서 설치했고 각 참에는 발장, 파발꾼('발군'이라고도 해요.), 파발마를 배치해 두었어요. 보발은 사람이 달려가 소식을 전하는 제도였지요.

　파발 조직은 서울-황해도-평안도 사이의 서로파발, 서울-강원-함경도 사이의 북로파발, 서울-충청도-경상도 사이의 남로파발로

이루어져 있었어요. 이중 중국과의 연결로인 서발의 대로(큰길)만이 기발이었고 나머지는 보발이었어요. 그리고 기발의 경우 25리마다, 보발의 경우는 30리마다 참(머무는 곳)을 두어 파발을 교대하게 했어요. 파발 제도는 조선 말기까지 중요한 통신 수단으로 이용되다가 전신과 전화가 들어오면서 자취를 감추었지요.

말을 갈아탈 수 있는 통행증, 마패

고전소설 《춘향전》을 보면, 암행어사가 된 이 도령이 변 사또 앞에 나타나 "암행어사 출두요!" 하며 마패를 보이는 장면이 나와요. 그래

▲말 그림이 새겨진 조선 시대의 마패.

서 마패를 암행어사의 신분증으로 알고 있는 사람이 많지요.

하지만 마패는 암행어사만을 위한 것이 아니었어요. 지방에 나가는 관리들이 역참에서 말을 갈아탈 수 있도록 증명해 주는 일종의 증명서였지요.

마패는 조선 시대 초기에는 나무로 만들었어요. 그런데 잘 부서지거나 망가졌기 때문에 나중에는 철이나 구리로 만들었지요. 조선 시대 마패는 원형이며, 목적지까지 가는 동안 역참에서 마패에 새겨진 말의 수만큼 말을 갈아탈 수 있었어요.

말 그림은 대개 5개까지 새겼으나, 암행어사에게 주는 마패는 말 2개가 그려진 2마패가 가장 많았어요.

비둘기로 소식을 전한다, '전서구' 통신

비둘기는 먼 거리를 빠른 속도로 오랫동안 날 수 있어요. 또 잘 훈련시키면 아무리 멀리 떨어져 있더라도 방향을 잡아 자기 집을 찾아오는 능력이 뛰어나지요. 그래서 예로부터 비둘기를 통신용으로 많이 이용했어요. 비둘기의 발목이나 가슴에 가벼운 통을 매달고 그 속에 통신문을 넣어 날려 보내면, 목적지에 정확히 전달했거든요.

이처럼 통신에 이용하기 위해 훈련시킨 비둘기를 '전서구'라고 해요. '서신을 전하는 비둘기'란 뜻이지요. 전서구는 교통이 불편한 지역이나 군대에서 주로 쓰였지요.

전서구의 역사에서 가장 오래된 기록은 기원전 3000년경 이집트의 어선이 고기잡이 상황을 큰 배에 알리기 위해 비둘기를 이용했다는 것이에요. 또 그리스에서는 올림픽에서 우승한 사람을 알리기 위해, 로마 제국에서는 군대의 통신용으로 비둘기를 이용했다고 해요.

프랑스·프로이센 전쟁(1870~1871) 때에도 전서구가 쓰였어요. 프로이센 군대에 의해 파리가 포위되자, 프랑스 군대는 비둘기를 통해 통신문을 전달했어요. 그러자 프로이센 군대는 프랑스 군대의 전서구를 잡기 위해 매를 풀어 놓았어요. 하지만 프랑스 군대가 전서구 꼬리

에 특수하게 만든 작은 피리를 매달아 놓아, 피리 소리에 놀란 매는 프랑스 전서구를 한 마리도 잡지 못했어요.

1891년, 뉴질랜드에서는 비둘기를 이용한 우편이 정식으로 채택됐어요. 특수한 종이에 적은 통신문을 비둘기 발에 묶고, 끈에 우표를 붙여 소식을 전했지요.

전서구는 상업적으로도 이용되었어요. 특히 영국 로이터 통신의 비둘기 통신이 유명하지요. 1948년에 로이터 통신 파리 지국은 프랑스 신문의 뉴스와 논설을 독일 언론사에 제공하는 사업을 시작했어요. 이때 비둘기의 발목에 원고와 사진을 묶어 날려 보냈어요. 또 2년 뒤에는 독일과 벨기에를 잇는 전서구 통신 사업도 시작했어요. 오늘날 로이터 통신이 세계 주요 통신사로 성장한 데는 비둘기들이 큰 몫을 한 셈이에요.

그러나 비둘기를 이용한 통신은 빠르기는 하지만 군사용으로는 비밀이 보장되지 않는다는 단점이 있었어요. 적군이 비둘기를 잡으면 비밀이 탄로날 수 있고, 또 비둘기에 매단 통에 적군이 다른 내용의 문서를 넣어 보내면 오히려 아군에게 혼란을 줄 수도 있으니까요.

금속 활자와 인쇄술의 발명

문자와 종이가 발명된 뒤 사람들은 자신이 알고 있는 정보나 지식을 다른 사람이나 후세 사람에게 전하고 싶어 했어요. 그런데 활자와 인쇄술이 발명되기 전에는 그런 정보나 지식을 일일이 손으로 써야만 했지요. 특히 한 권의 책을 만들려면 글씨를 잘 쓰는 사람이 똑같은 내용을 그대로 베껴 써야만 했어요. 그래서 나무로 만든 판에 글자를 새겨, 먹물이나 잉크를 발라 종이에 찍어 내는 목판 인쇄가 나오게 되었지요.

세계에서 가장 오래된 목판 인쇄본은 신라 시대인 700~750년쯤 인쇄된 것으로 추정되는 우리나라의 국보 126호 《무구정광대다라니경》이에요.

목판 인쇄는 한 장의 나무판에 많은 글자를 새길 수 있었지만, 다른 내용의 글은 또 다른 목판에 새겨야 했어요. 게다가 목판에 글을 새기는 작업은 까다롭고 시간도 많이 걸렸어요.

우리나라에서는 고려 시대인 1377년에 《직지심체요절》이란 불교 책을 금속 활자로 만들었어요. 이 책은 세계에서 가장 오래된 금속 활자본으로, 2001년에 유네스코 세계 기록 유산으로 등록되었어요. 이로서 우리나라는 세계에서 가장 먼저 금속 활자를 발명한 나라가 되었지요.

그 뒤 독일의 구텐베르크(1397~1468년)는 1455년에 《42행성서》('구텐베르크 성서'라고도 해요.)를 금속 활자와 인쇄기로 찍어 냈어요. 이 성서는 1280쪽 분량으로 약 200부를 찍어 냈는데, 이 가운데 양가

죽에 인쇄한 것을 비롯해 48부가 미국 의회도서관, 프랑스 국립도서관 등 세계 곳곳의 도서관과 박물관에 보관되어 있어요.

구텐베르크가 금속 활자와 인쇄기를 발명한 뒤, 일부 특정 계층만 가질 수 있던 책과 인쇄물을 보통 사람들도 자유롭게 볼 수 있었어요. 그래서 일반 대중들도 책을 읽고 지식을 쌓을 수 있는 시대가 활짝 열렸지요.

▲세계 최초의 금속 활자본인 우리나라의 《직지심체요절》(위)과 금속 활자 인쇄술을 발명한 독일의 구텐베르크(아래)

클로드 샤프의 시각 신호기
회전 나무 팔의 모양을 읽어라

18세기 말, 클로드 샤프는 먼 곳에서 눈으로 보아 소식을 알 수 있는 시각 신호기를 만들었어요. 이쪽 탑에서 사람이 회전 나무 팔을 조작해 문자나 숫자의 내용을 표시하면, 다음 탑에 있는 사람이 망원경으로 그 내용을 읽고 나무 팔을 조작해 똑같은 내용을 다음 탑에 알리는 방식이었어요. 빠른 통신 수단인 시각 신호기 덕분에 프랑스는 한때 유럽을 이끄는 나라가 되었지요.

"와, 우리가 메시지를 주고받는 데 겨우 4분밖에 안 걸렸어! 대성공이야!"

1791년 3월 2일, 프랑스의 클로드 샤프(1763~1805년)는 기뻐하며 동생을 얼싸 안았어요.

샤프는 이날 오전 프랑스 북부 브륄롱에 있는 성채에서 거리가 약 16km나 떨어진 곳에 있는 동생에게 메시지를 보냈어요. 그 메시지는 '만약 성공하면 당신은 영광을 안게 될 것이다.'란 문장이었어요. 샤프의 동생이 이 메시지를 받는 데 걸린 시간은 겨우 4분이었어요. 샤프가 만든 새로운 통신 수단이 실험에 성공한 것이었어요.

이날 두 사람이 메시지를 주고받는 데 쓴 것은 긴 나무 막대가 달린 회전판, 망원경, 그리고 나무 막대의 모양이 뜻하는 문자와 숫자를 적어 놓은 부호책 등이었어요. 샤프가 높이 매단 회전 나무 팔을 밧줄로 조종해 어떤 문자를 뜻하는 모양을 만들어 보내면, 동생이 망원경으로 보고 하나하나 풀어 문장을 만들어 내는 방식이었지요.

▲클로드 샤프의 초상화

샤프의 친구는 이 새로운 발명품에 '텔레그래프(Telegraph)'란 이름을 붙여 주었어요. '텔레그래프(Telegraph)'는 그리스어로 '멀다'는 말인 텔레(tele)와 '쓴다'는 말인 그래픈(graphein)을 합친 말이에요.

클로드 샤프는 프랑스의 한 부잣집 아들로 태어나, 원래 성직자의 길을 가려고 했어요. 그러나 1789년에 프랑스 혁명이 일어나자 회의를 느끼고, 과학자의 길을 걸었지요. 그는 특히 새로운 통신 시스템을 만드는 데 많은 관심을 기울였어요.

처음에 샤프는 냄비를 두드릴 때 나는 시끄러운 소리와 특수하게 만든 시계를 이용해 메시지를 전달하는 방법을 생각해 냈어요. 그러나 이 방법은 간단한 문장만 전할 수 있는 데다, 서로 소리를

> **프랑스 혁명** 1789년 7월 14일부터 1799년 11월 9일까지 약 10년에 걸쳐 프랑스에서 일어난 시민 혁명이야. 봉건적이고 불평등한 제도를 무너뜨리고 모든 계층이 자유롭고 평등한 사회를 만들려고 시민들이 혁명을 일으킨 거지.

들을 수 있는 거리 안에 있어야만 통신이 가능하다는 단점이 있었어요.

어느 날 샤프의 머릿속에 번뜩 떠오른 생각이 있었어요.

'맞아, 귀로 듣는 청각 신호가 아니라 눈으로 보는 시각 신호로 메시지를 전달하면 되겠다.'

샤프는 곧 시각 신호를 이용한 통신 수단을 연구하기 시작했어요. 그 결과 시각 신호기를 발명하게 되었지요.

시각 신호기는 높은 탑 위에 수직으로 된 튼튼한 막대를 세우

고, 가로로 된 회전 나무 팔을 설치한 것이었어요. 나무 팔은 여러 마디로 나뉘어 있어서 사람이 거기 연결된 밧줄을 당기면 알파벳 문자나 숫자를 뜻하는 갖가지 모양을 만들어 냈지요.

그래서 이쪽 탑에서 사람이 회전 나무 팔을 조작해 문자나 숫자의 내용을 표시하면, 그 다음 탑에 있는 사람이 망원경으로 살펴 똑같은 내용으로 나무 팔을 조작했어요. 그러면 그 다음 탑으로, 또 다음 탑으로 연속해서 같은 메시지가 전달되지요.

프랑스 국민의회에서는 샤프의 시각 신호기를 새로운 통신망으로 채택했어요. 그래서 먼저 파리와 릴이란 두 도시 사이의 산꼭대기에 약 10km 간격으로 세마포어(semaphore)란 이름의 탑들을 세웠어요. 세마포어는 '의미를 담고 있는'이란 뜻을 가진 그리스어에서 나온 말이에요. 그러니까 회전 나무 팔의 모양에 의미를 전할 수 있는 문자나 숫자가 담겨 있다는 뜻이었지요. 이들 탑에는 한 쌍의 망원경과 회전 나무 팔이 갖춰져 있었어요.

　시각 신호기는 통신 속도가 무척 빨랐어요. 파리에서 다른 도시까지 단 몇 시간 만에 연락을 주고받을 수 있었거든요. 이를테면 프랑스 남동부에 있는 항구 도시 툴롱에서 수도인 파리 사이에 있는 120개의 탑을 통해 신호를 전달하는 데 40분밖에 걸리지 않았어요. 이는 파발마를 타고 소식을 전하는 것에 비하면 90배나 빠른 속도였어요.

　특히 시각 신호기는 전쟁 소식을 빠르게 전하는 역할을 했어요. 프랑스 군대가 전투에서 이겼다는 소식은 모두 이것을 통해 전해졌지요.

　프랑스 혁명 정부는 시각 신호기를 높이 평가했어요. 그래서 1799년 집권한 나폴레옹은 파리에서 전국 모든 방향으로 시각 신호기 통신망을 건설하라고 명령했어요. 이 때문에 19세기 중반의 프랑스에는 약 5000km마다 시각 신호기를 설치한 세마포어 중계탑이 500여 개나 설치됐을 정도였어요.

나폴레옹(1769~1821년) 프랑스 혁명기의 군인이자 정치가로, 본명은 나폴레옹 보나파르트. 프랑스 제1제정의 황제, 나폴레옹 1세로 즉위해 1804~14년까지 프랑스를 통치했지.

　빠른 통신망 덕분에 프랑스는 유럽 여러 나라와의 전쟁에서 이기고 유럽을 이끄는 나라가 되었어요. 또 시각 신호기의 군사적 가치가 인정돼 유럽 여러 나라에서도 이를 본뜬 통신망을 설치했지요.

　그러나 시각 신호기는 운영비가 많이 든다는 문제가 있었어요. 중계탑을 반드시 산꼭대기에 세워야 하는 데다, 회전 나무 팔을 조작하는 사람이 꼭 있어야 했으니까요. 또 깜깜한 밤이나, 비가 오고 안개 낀 날에는 시각 신호기를 이용할 수가 없어서 무용지물이 되기 일쑤였어요.

하지만 샤프의 시각 신호기는 전기 통신이 발전하는 데 큰 영향을 주었어요. 먼 거리 사이의 정보를 빨리 전달해 주었을 뿐만 아니라, 복잡한 정보를 간단한 신호로 풀어내는 출발점이 되었기 때문이지요.

통하면 통하는 통신 이야기

이순신 장군의 신호연

하늘 높이 나는 연은 재미있는 명절 놀이 중 하나지요. 그러나 옛날에는 전쟁터에서 장군이 병사들에게 명령을 내리는 통신 수단으로도 쓰였어요.

신라의 김유신 장군은 반란을 다스리기 위해 전투에서 연을 만들어 사용했다고 해요. 고려의 최영 장군도 연을 이용해 성을 함락했다는

기록이 있고요.

　전쟁터에서 연을 가장 잘 활용한 사람은 충무공 이순신 장군이에요. 임진왜란 때 이순신 장군은 공격이나 전진, 집결 등의 작전 명령을 그림으로 표시한 다양한 신호연을 직접 고안해 냈어요. 하늘 높이 띄워 멀리 있는 군사들을 지휘했던 신호연은 전쟁터에서 군사 정보를 손쉽고 빠르게 전해서 이순신 장군이 왜군을 무찌르는 데 큰 역할을 했어요.

　신호연은 충무공 이순신 장군이 직접 고안해 낸 것이라 하여 '충무연'이라 부르기도 해요. 지금까지 모두 30여 가지가 전해지는데, 연에 그려진 그림과 색깔에 따라 연의 이름과 전투 명령이 다 달라요.

　예를 들어 삼봉산 모양이 있는 '삼봉산연'은 흩어져 있는 배와 군사들은 삼봉산 앞 바다로 모두 모이라는 뜻이에요. 또 삼각형 모양을 2층으로 크게 그린 '기바리연'은 적군과 맞붙어 싸우라는 작전 명령이에요.

　신호연은 대개 가로와 세로가 90×120cm 크기로, 하늘 높이 띄워도 연에 그려진 그림이 뚜렷하게 보일 정도로 컸어요. 또 신호연에 사용된 색깔은 눈에 띄기 좋은 빨강, 파랑, 노랑, 까망, 하양 등이었지요.

▲이순신 장군이 전쟁터에서 고안한 갖가지 모양의 신호연은 임진왜란을 승리로 이끄는 데 큰 역할을 했어요.

낙랑 공주와 자명고 이야기

호동 왕자와 낙랑 공주의 이야기를 알고 있나요?

호동 왕자는 고구려의 세 번째 왕인 대무신왕의 아들이었어요. 비록 후궁의 몸에서 태어났지만 대무신왕의 사랑을 한 몸에 받고 자랐지요.

어느 날 호동 왕자는 옥저 지방에 갔다가 사냥을 나온 낙랑국의 왕, 최리를 만나게 되었어요. 최리에게는 아리따운 딸 낙랑 공주가 있었지요. 고구려를 두려워하던 최리는 두 사람을 결혼시키면 고구려의 공격을 피할 수 있을 거라는 생각이 들었어요. 그래서 호동 왕자를 사위로 삼은 것이었지요.

고구려로 돌아간 호동 왕자는 낙랑 공주에게 비밀 편지를 보냈어요. 편지의 내용은 이러했어요.

'그대 나라의 무기고에 들어가 자명고를 찢어 주시오. 그리하면 내가 예를 갖춰 그대를 맞이하겠지만, 그렇지 않으면 거절하겠소.'

자명고는 북과 뿔피리로 이루어진 것으로, 적군이 쳐들어오면 스스로 울어 알려서 낙랑국을 지키던 통신 무기였어요. 낙랑 공주는 나라를 지켜야 할지, 사랑을 지켜야 할지 무척 많이 고민 했어요. 하지만 결국 낙랑국의 무기고에 들어가 칼로 자명고를 찢어 버렸지요.

그 소식을 들은 호동 왕자는 곧 군대를 이끌고 낙랑국에 쳐들어갔어요. 낙랑왕은 자명고가 울지 않아 고구려 군이 성 밑에 온 뒤에야 그 사실을 알게 되었어요. 그러자 낙랑왕은 낙랑 공주를 죽이고, 고구

려에 항복했어요.

 그제야 호동 왕자는 낙랑 공주의 진실한 사랑을 깨닫고 무척 슬퍼했어요. 그래서 낙랑 공주를 따라 스스로 목숨을 끊었어요.

 고구려가 옥저 땅을 지배하던 부족 국가인 낙랑국을 물리칠 수 있었던 결정적 계기는 바로 낙랑 공주가 적의 침략을 알려주는 자명고를 찢었기 때문이었어요. 자명고는 낙랑국의 아주 중요한 군사 통신망이었던 셈이지요.

모스의 전신기 발명

전기 통신이 시작되다

화가였던 미국의 새뮤얼 모스는 인류 통신 역사에 길이 남을 전신기를 발명했어요. 전기와 전선을 이용한 최초의 전기 통신이었지요. 모스가 전신기를 발명하고 장거리 통신 실험에 성공하면서, 사람들은 예전보다 훨씬 빠르게 소식을 주고받았고 나라와 나라 사이의 국제 통신이 가능해졌어요. 우리나라에도 1885년에 처음으로 전신선이 개통되면서 전기 통신의 시대가 열렸지요.

    1844년 5월 24일 미 워싱턴 대법원 청사. 화가이자 아마추어 발명가인 새뮤얼 모스는 자신이 만든 전신기의 종이 테이프를 초조하게 바라보았어요.
    조금 전 워싱턴에서 64km나 떨어진 볼티모어의 한 사무실에 전신기를 통해 메시지를 보냈는데, 거기서 되돌아올 답신을 기다리는 것이었지요. 만약 볼티모어에 있는 친구 알프레드 베일이 모스가 보낸 메시지와 똑같은 문장을 도로 전송해 준다면, 전신기의 장거리 통신 실험은 큰 성공을 거두는 것이었거든요. 이날 모스가 베일에게 보낸 메시지는 성경의 한 구절인 '신이 만드신 것!(What hath* God Wrought!)'이라는 문장이었어요. 모

*hath : have의 옛말.

스는 이 실험을 위해 미리 워싱턴과 볼티모어 사이의 철로 가에 높은 전봇대를 심고, 전봇대를 따라 전선을 설치해 놓았어요.

잠시 뒤, 모스 앞에 놓인 전신기가 '따따따' 소리를 내며 종이테이프에 점과 짧은 선으로 이루어진 전신 부호를 찍어 내기 시작했어요. 그것은 바로 모스가 보냈던 메시지 그대로였어요. 세계 통신 역사에 길이 남을 모스의 장거리 전신 실험이 성공한 순간이었지요.

실험을 지켜보고 있던 사람들은 탄성을 울리며 만세를 불렀어요. 모스의 기쁨도 이만저만이 아니었어요.

미국 신문들은 모스의 장거리 전신 실험 성공에 대해 "공간을 사라지게 만드는 기적이 일어났다."며 대문짝만 하게 보도했어요. 며칠씩 걸려야 전달되던 편지 대신 단 몇 분 만에 소식을 전할 수 있는 통신 혁명이 일어났으니까요.

새뮤얼 모스(1791~1872년)는 원래 미국의 유명한 초상화가였어요. 300점 이상의 작품을 남겼고, 그 가운데 몇 점은 지금도 미국의 주요 미술관에 전시돼 있을 정도예요.

모스가 전신기를 발명하게 된 것은 1832년 12월 어느 날, 우연히 시작되었어요. 그날 모스는 유럽에서의 미술 공부를 마치고, 여객선을 타고 미국으로 돌아가고 있었어요. 그런데 선실에서 승객들이 이야기꽃을 피우던 중에 보스턴의 한 화학자가 전기와 전류

전신 문자, 숫자, 기호 등을 각각 미리 정해진 부호로 전선을 통하거나(유선), 전선을 통하지 않고(무선) 보내는 통신 방법이야.

에 대해 이야기하는 것을 듣게 되었어요.

"이것은 파리에서 산 전자석이란 것입니다. 여기에 전기를 통하게 하면 이렇게 쇠붙이들이 찰싹찰싹 달라붙어요. 참 신기하지요?"

그러자 옆에 있던 승객이 화학자에게 물었어요.

"그럼 전기는 얼마나 빨리 흐르며, 얼마나 먼 거리를 갈 수 있나요?"

"전기는 전선의 길이와는 상관없이 눈 깜짝할 사이에 빨리, 그리고 멀리 흐른답니다."

이 말을 들은 모스의 머릿속엔 한 가지 생각이 번개처럼 스쳐 지나갔어요.

'전기가 그렇게 빠르고 멀리 흐른다면 먼 거리에 있는 사람끼리 전류를 이용해 통신을 할 수는 없을까? 음, 전하려는 메시지를 전기 신호로 바꾸면 가능하겠다.'

모스는 선실을 나와 갑판을 서성이며 생각에 몰두했어요. 그러고는 공책에 전류를 이용한 통신기에 대한 생각을 정리하고 기초 설계 그림을 그렸어요.

미국으로 돌아온 뒤 모스는 뉴욕 대학의 미술 교수로 일하는 동안에도 전신기를 설계하는 데 많은 시간을 들였어요. 그런 노력의 결과로 마침내 전선을 통해 메시지를 주고받는 전신기를 고안해 냈지요.

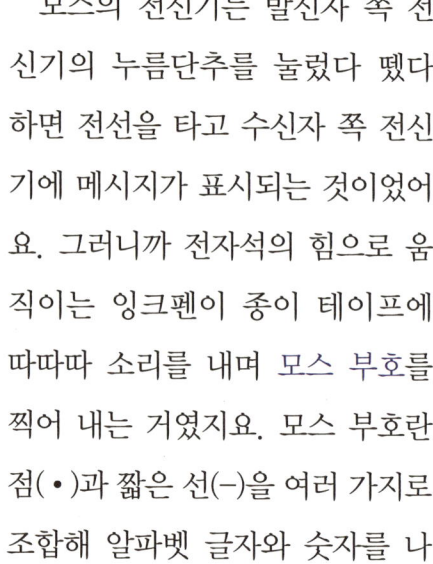

모스 부호 모스 부호는 짧은 발신 전류인 점(·)과 이보다 긴 발신 전류인 선(-)을 배합해 알파벳 문자와 숫자를 표시한 거야. 이를테면 A는 ·-, B는 -···, C는 -·-·로 표시하지. 현재 국제 모스 부호는 주로 배와 해안 사이의 연락, 아마추어 무선 통신에서 주로 사용하고 있어.

모스의 전신기는 발신자 쪽 전신기의 누름단추를 눌렀다 뗐다 하면 전선을 타고 수신자 쪽 전신기에 메시지가 표시되는 것이었어요. 그러니까 전자석의 힘으로 움직이는 잉크펜이 종이 테이프에 따따따 소리를 내며 모스 부호를 찍어 내는 거였지요. 모스 부호란 점(·)과 짧은 선(-)을 여러 가지로 조합해 알파벳 글자와 숫자를 나타내는 것이에요.

1837년 9월, 모스는 뉴욕 대학 안에서 500m의 전선을 설치하고, 자신이 만든 전신기로 첫 전신 실험에 성공했어요. 전신기의 가능성을 꿰뚫어 본 제철 공장 사장 알프레드 베일이 연구비와 공장을 제공해 주었어요. 모스는 더욱 연구에 힘써 1840년에 전신기 특허를 받게 되지요.

미국 의회에서도 전신기에 관심을 기울였어요. 그래서 모스에게 워싱턴에서 볼티모어에 이르는 전신선을 설치할 수 있도록 3만 달러의 예산을 지원했지요.

장거리 전신 실험에 성공한 모스는 전신기를 사람들에게 널리 알리기 위해 노력했어요. 특히 볼티모어에서 열린 민주당 전당 대회에서 대통령과 부통령 후보 지명 소식을 전신기로 송신해서 전신기의 존재를 세상에 알렸어요.

그렇지만 정부에서는 모스 전신기의 특허권을 사지 않았어요. 그러자 모스는 1845년에 마그네틱 전신 회사를 세우고 뉴욕에서 필라델피아를 잇는 민간 전신선을 건설했어요. 이 전신선은 미국 동부에 있는 도시들을 연결시킨 최초의 광범위 통신망이었어요.

이때부터 동부 지역의 신문들은 새로운 뉴스를 전신기로 받아 신문을 찍어 냈어요. 또 기업가, 은행가, 상인, 의회의원, 정부관료, 공무원들도 단 몇 분 안에 소식을 주고 받을 수 있게 됐어요. 군대를 지휘하는 장군들은 더욱 신이 났지요. 전신기 덕분에 거리나 지형에 상관없이 군사 명령을 빠르게 전할 수 있었으니까요.

▲새뮤얼 모스(위)와 그가 발명한 전신기(아래)

1840년대 후반에 모스의 전신기는 땅 밑이나 전봇대를 통한 전선으로 미국의 모든 도시들을 연결했어요. 1846년부터 1852년 사이 불과 6년만에 전신에 의한 통신망이 무려 600배나 늘어났을 정도였어요. 또 1850년대 초반부터는 유럽 여러 나라에서도 모스의 전신기를 통신 수단으로 쓰게 되었지요. 1858년 8월에는 미국과 유럽 사이의 바다 밑으로 전선을 연결해 최초의 대서양 횡단 전신망까지 연결되었어요.

모스의 전신기는 전화가 발명되기 전까지 30년 이상을 세계 최고의 통신 수단으로 당당히 자리 잡았어요.

통하면 통하는 통신 이야기

통신 혁명의 디딤돌, 전기의 발견

세계 통신의 역사에서 가장 중요한 역할을 한 것은 바로 전기를 발견한 것이었어요.

그리스의 철학자 탈레스(기원전 625~547년)는 호박(나무진이 돌처럼 단단하게 굳어 화석처럼 변한 것)을 모피에 문지르면 먼지나 깃털, 실, 헝겊, 보푸라기 같은 가벼운 물체를 끌어당긴다는 사실을 알아냈어요. 전기를 뜻하는 영어가 '일렉트릭시티(electricity)'인 것도 그리스어로 호박을 '일렉트론(elektron)'이라 한 데서 비롯됐지요.

그 뒤 영국의 윌리엄 길버트(1540~1603년)는 유리, 다이아몬드, 보석 등도 문지르면 가벼운 물체를 끌어당기는 것을 발견했어요. 독일의 오토 폰 게리케(1602~1686년)는 마찰의 힘으로 전기를 만들어 내는 장치를 발명했지요. 게리케는 특히 전기가 빛, 소리, 열 등을 발생시키고, 전기를 띠는 물체 옆에 전기를 띠지 않는 물체를 놓으면 그 물체도 전기를 띤다는 현상을 발견했어요.

▲윌리엄 길버트

미국의 벤저민 프랭클린(1706~1790년)은 비구름에는 전기가 있는데, 번개가 바로 전기 불꽃이라는 것을 증명했어요. 또 영국의 스테판 그레이(1670~1736년)는 모든 물질은 금속처럼 전기가 잘 통하는 도체와 유리처럼 전기가 통하지 않는 절연체로 나눌 수 있음을 증명했어요. 프랑스의 샤를 드 쿨롱(1736~1806년)은 호박 막대와 유리 막대가 작은 물체들을 끌어당기는 것을 알아내고, 이 전기적 힘을 '쿨롱의 법칙'이라는 수학 공식으로 표현했어요.

▲ 벤저민 프랭클린

한편 전기를 띠는 막대와 비슷한 현상을 나타내는 것이 바로 자석이에요. 과학자들은 전기를 연구하면서 자석에 대해서도 큰 관심을 가졌어요. 덴마크의 한스 크리스첸 외르스테드(1777~1851년)는 전류가 흐르는 철사 주위에 있던 자석이 흔들리는 현상을 보고, 전기가 자기를 만들어 낸다는 것을 알아냈어요. 또 영국의 패러데이(1791~1867년)는 자석의 운동이 전류를 발생시킨다는 '전자기 유도 법칙'을 알아냈는데, 이는 오늘날 전기 문명의 기초가 되었어요.

우리나라의 전신선 개통

우리나라에서 처음으로 전신이 시작된 것은 1885년 9월 28일이에요.

이날 서울과 인천 사이에 전신선을 가설하고 한성전보총국이 전신 업무를 시작했어요. 그해 10월 18일에는 의주까지 전신이 가설돼 인천-서울-의주에 이르는 전신선이 완전히 개통됐어요. 이것은 모두 청나라에서 자본을 빌려 주어 설치하고 운영한 것이었어요.

그 무렵 조선은 열강 여러 나라가 서로 힘을 겨루는 씨름판 같았어요. 특히 청나라와 일본의 힘겨루기가 무척 심했지요. 영국, 프랑스, 독일, 미국 등이 조선과 무역을 하거나 광산을 개발하는 동안 청나라와 일본은 조선을 속국이나 식민지로 만들려고 기회를 엿보았어요. 청나라가 조선에 서로 전신선을 설치한 것도 청나라의 전신망과 연결하려는 속셈이었지요. 그러면 전

신망을 통해 조선을 더 감시할 수 있고, 조선에 들어와 있는 다른 나라의 움직임도 더 빨리 알 수 있으니까요. '전선을 지배하는 나라가 조선을 지배한다.'는 생각이 깔려 있었던 거예요.

이런 틈바구니 속에서 조선은 '통신은 부강의 기본이오, 개화의 근원'이란 구호 아래 전신 기술을 익혀 자주적으로 전신망을 설치하려 애썼어요. 그래서 1887년 3월에 한성전보총국과는 별도로 조선전보총국을 세우고 우리나라 전기통신법의 시초라 할 수 있는 '전보장정'도 제정했어요. 또 우리 한글의 전신 부호도 만들었지요.

1888년 6월 1일에는 서울과 부산을 잇는 남로 전신선이, 3년 뒤인 1891년 6월에는 서울에서 원산을 잇는 북로 전신선도 개통됐어요. 이렇게 되자 봉수 제도와 파발 제도는 자취를 감추었어요.

전보는 부정한 소식?

우리나라의 전신 초창기에는 한문과 영어, 불어를 사용하는 전보만 취급했어요. 한글로 된 전신 부호가 아직 만들어지지 않았기 때문이었어요. 게다가 요금이 비싸 일반 백성들에게는 '그림의 떡'이었어요. 그래서 초창기의 전보는 관청이나 높은 벼슬아치들이 사용했어요.

게다가 당시 사람들은 전보로 소식을 전하는 건 예의에 어긋난다고 생각했어요. 심지어는 이런 일까지 있었다고 해요.

제물포 세관에서 일하던 관리가 아들을 낳았다는 기쁜 소식을 한성에 있

　는 본가에 전보로 알렸어요. 그런데 그 소식을 들은 관리의 아버지는 부정을 탔다면서 벌컥 화를 내고는 그 손자를 평생 집 안으로 들여놓지 않았어요.
　더구나 그때 사람들은 전보가 전기 바람에 의해 전해지는 걸로 알았어요. 전기 바람이 가뭄을 몰고 와, 전보가 날아오면 가뭄이 든다는 뜬소문까지 나돌았지요. 그래서 사람들은 전보로 소식을 받는 것을 무척 두려워했답니다.

그레이엄 벨의 전화

전선을 타고 목소리가 들려와요

모스가 전신기를 발명한 뒤 세계는 한동안 전신을 통해 소식과 정보를 주고받았어요. 그러나 전신은 짧은 소식만 간단히 보낼 수 있었어요. 그래서 과학자들은 직접 목소리를 전하는 기계, 즉 전화기를 발명하는 데 관심을 가졌고, 그 결과 몇몇 사람들이 비슷한 시기에 전화기를 만들어 냈어요. 그중 알렉산더 그레이엄 벨은 1876년에 특허권을 가장 먼저 따냈고, 전화기를 널리 보급했어요.

"이걸 어쩌지? 책상과 옷이 엉망이 되어 버렸네."

1876년 3월 10일, 실험실에 있던 알렉산더 그레이엄 벨은 난처한 표정을 지었어요. 전화기 실험을 하다가 황산 용액이 든 병을 잘못 건드려 엎지르고 만 거예요. 벨은 옆방에 조수인 토머스 왓슨이 있는 줄 알고 다급하게 소리쳤어요.

"왓슨, 이리로 와 주게. 자네 도움이 필요하네(Mr. Watson, come here, I want you.)."

하지만 그때 왓슨은 벨이 있는 방에서 한참 떨어진 아래층 실험실에 있었어요. 벨과 전화기의 송수신 실험을 하려고 기다리고 있던 중이었지요.

그런데 왓슨의 책상에 있는 전화기 속에서 벨의 목소리가 가느다랗게 들리는 거예요! 전화선을 통해 벨의 목소리가 왓슨의 전화기로 전달된 것이었지요. 왓슨은 재빨리 위층 실험실로 뛰어 올라갔어요.

"선생님, 들렸어요! 선생님 목소리가 전화기에서 분명히 흘러나왔어요!"

"오, 정말이야? 왓슨, 이젠 됐어! 그동안 고생한 게 헛되지 않았군!"

벨은 왓슨의 손을 잡고 몹시 기뻐했어요.

스코틀랜드에서 태어난 알렉산더 그레이엄 벨(1847~1922년)은 가족들과 함께 미국으로 건너갔어요. 그리고 그곳에서 전화기를 만들었어요. 벨이 전화기를 만들기까지는 가정 환경이 큰 영향을 미쳤어요.

벨의 할아버지는 청각 장애인들에게 말하는 기술을 가르치는 교사였어요. 아버지 역시 대학에서 음성학과 언어학을 연구하는 교수였지요. 또 벨의 어머니는 보청기가 있어야만 말을 알아들을 수 있는 난청이었고, 벨의 아내도 청각 장애를 갖고 있었어요.

벨의 첫 직업도 청각 장애를 가진 어린이들을 가르치는 것이었어요. 보스턴 대학 음성생리학 교수가 된 뒤부터는 아마추어 과학자로서도 첫 발을 내딛기 시작했지요.

특히 벨은 전신기에 관심이 많아 전신 기술을 배우게 되었어요. 그런데 전신기는 한꺼번에 많은 소식을 보낼 때 시간이 너

무 많이 걸렸고, 전선 설치와 관리를 위해 드는 돈도 만만치 않았어요. 또 글자 수에 제한이 있어 메시지를 분명하게 전달하기 어려울 때도 있고, 보통 사람들이 직접 전신기를 다룰 수 없는 것도 문제였어요. 전신기로 전보를 보내려면 모스 부호를 빨리 치고 그걸 문장으로 풀이할 수 있는 전신 기사를 통해야 하니까 값이 비쌀 수밖에 없었지요.

그래서 그즈음 전신 회사들은 한꺼번에 많은 메시지를 주고받을 수 있는 다중 전신기를 개발하려고 했어요. 벨 역시 전기에 대해 잘 아는 토머스 왓슨이라는 기계공을 조수로 고용해, 다중 전신기를 연구했지요. 벨은 음성학에 대해서는 전문가였지만 전기에 관해서는 모르는 게 많았거든요.

그런데 어느 날 벨은 왓슨이 송신기에 붙은 나뭇잎을 떼어내려고 할 때, '휘익' 하는 소리가 자신의 수신기에 전해지는 것을 우연히 들었어요.

'정말 신기하네. 이 현상을 잘 연구하면 사람의 목소리를 전기로 보낼 수 있는 기계를 만들 수 있겠다. 발신기에서 목소리를 전기 신호로 바꿔 보내면, 수신기에서는 그 전기 신호를 다시 목소리로 재생하면 상대편이 소리를 들을 수 있지 않을까? 그렇게 되면 멀리 있는 사람하고도 이야기를 나눌 수 있게 될 거야.'

벨은 그날부터 목소리를 직접 전달하는 기계, 즉 전화기를 만들기 위해 힘을 쏟기 시작했어요. 그래서 밤낮을 가리지 않고 연구와 실험에 몰두한 끝에 결국 전화기를 만들었어요.

벨은 발 빠르게 특허를 신청해, 전화기를 만들어 팔 수 있는 독점적인 권리를 얻어냈어요. 그리고 사람들에게 전화기를 널리 알리기 위해 이리저리 뛰었어요.

특허 새로운 기술로 만들어 낸 물건을 그 사람만 사용하거나 만들어 팔 수 있는 권리를 말해.

하지만 사람들은 벨의 전화기를 높이 평가하지 않았어요. 목소리가 전달되는 것에 대해 놀라기는 했지만, 이상한 장난감 취급을 했거든요. 심지어는 전화선을 통해 다른 사람들이 자기 말을 엿듣지는 않을지, 무서운 질병이 옮겨지지는 않을지 걱정하는 사람도 있었어요. 잘못 사용하다가는 귀머거리나 미치광이가 될 수도 있다는 소문도 퍼졌고요.

그런데 그해 여름, 필라델피아에서 미국 독립 100주년을 기념하는 산업 박람회가 열렸어요.

전 세계의 발명가들이 공들여 만든 발명품을 선보이려고 박람회에 모여 들었어요. 벨도 왓슨과 함께 전화기를 갖고 박람회에 참가했지요.

어느 날 저녁, 브라질의 황제가 벨의 칸막이 앞에서 발길을 멈추었어요. 벨은 좋은 기회라고 생각해, 황제 앞에서 전화기로 말을 주고받는 것을 보여 주기로 했어요.

그래서 브라질 황제에게 전화기를 귀에 대라고 한 뒤, 몇 미터 떨어진 거리에서 전화를 했어요. 전화기를 통해 벨의 목소리를 들은 황제는 깜짝 놀라 외쳤어요.

"기계 속에서 사람 목소리가 들리다니 놀라운 일이오! 내가

본 발명품 중 최고요!"

덕분에 벨의 전화기는 큰 인기를 끌며 유명해졌고, 박람회에서 상까지 받았어요.

벨은 그 뒤로 좀 더 먼 거리에서 전화기를 쓸 수 있는 방법을 연구했어요. 그 결과 이듬해 2월에는 약 20km 떨어진 거리에서 전화기로 노래와 대화를 주고받을 수 있었어요.

1877년 4월에는 보스턴에 있던 찰스 윌리엄스라는 사람의 가게와 서머빌에 있는 집 사이에 미국 최초의 전화선이 연결됐어요. 그로부터 한 달 뒤에는 중앙 교환 장치를 통해 사람들이 통화할 수 있는 최초의 전화 교환국도 설치됐지요.

전화기는 곧 미국의 여러 도시들로 빠르게 퍼져 나갔어요. 처음엔 교환원을 통해서만 전화를 할 수 있었지만, 직접 다이얼을 돌려 상대방과 연결하는 다이얼 전화기까지 나오게 되었어요. 전화를 쓰는 사람은 크게 늘었고, 통화할 수 있는 거리도 점점 더 길어졌지요.

정확하게 말하면 벨은 전화기를 만든 최초의 발명자는 아니에요. 왜냐하면 벨보다 더 먼저, 또는 벨과 비슷한 시기에 전화기를 만든 사람들이 있었거든요. 벨은 가장 먼저 전화기 특허권을 따낸 사람이었어요. 전화기를 만들어 널리 퍼뜨림으로써 인류 문명에

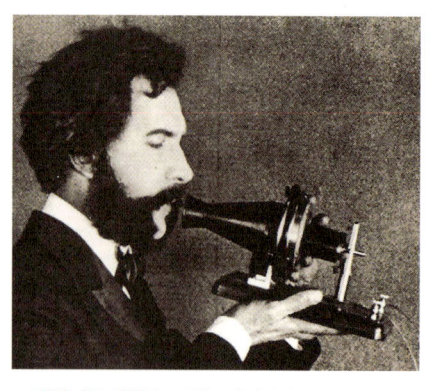
▲전화기를 시험하고 있는 알렉산더 그레이엄 벨

끼친 공적이 아주 컸어요.
 벨이 죽어 장례식을 치르던 날인 1922년 8월 4일, 미국은 벨의 업적을 기리고 추모하는 뜻에서 약 1분 동안 전화 서비스를 중단했어요.

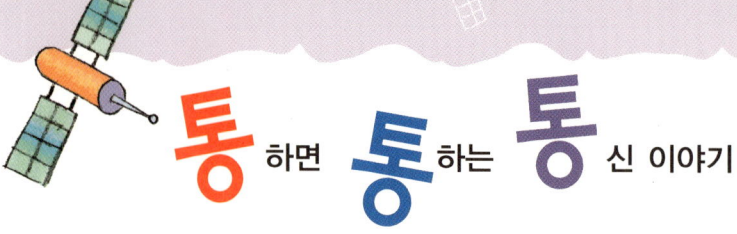

우리나라의 전화 역사

우리나라에서는 언제부터 전화가 쓰였을까요?

기록에 따르면 1896년 서울과 인천 사이에 전화가 개통된 이래, 정부 부처인 각 아문과 인천 감리 간에 통화를 주고받은 사실이 남아 있어요. 독립운동가인 김구 선생(1876~1949년)의 《백범일지》에도 1896년 8월 서울과 인천 사이에 통화한 사실이 있다고 적혀 있지요. 또 명성황후 장례 때인 1897년 11월에도 전화가 이용됐다고 해요.

1902년에는 서울과 개성 사이의 전화가 개통되고 공중통신용 전화도 시작됐어요. 서울과 개성, 평양 사이의 전화선도 개통되었고요. 그 이듬해인 1903년에는 서울과 수원 사이의 전화가 개통되고 한성 전화소 관내에 마포, 도동(남대문), 시흥(영등포), 경교(서대문) 등 4개 지소를 설치했다는 기록이 있어요.

전화는 처음에는 주로 궁중에서 사용했어요. 경운궁(지금의 덕수궁)에 전화 교환대를 설치하고, 왕실 업무를 보던 궁내부와 정부 부처인 각 아문 사이를 연결해 왕의 급한 명령을 전달했어요. 또 나라의 관문을 지키는 인천 감리하고도 자주 통화했어요.

이때 사용된 전화기는 전화통이 네모난 데다 폭이 약 45cm, 길이가 90cm에 이를 만큼 컸어요. 또 말을 하는 송화기 부분과 소리를 듣는 수화기 부분이 떨어져 있었어요.

일반인들에게 전화를 공급하기 시작한 것은 1902년쯤으로 추측되지만 실제로 전화를 쓰는 사람이 그리 많지는 않았어요. 1902년의 전화 가입자는 서울에 2명, 인천에 3명이 있었고, 1903년에는 서울 16명, 인천 14명이었으니까요. 1905년에도 서울 50명, 인천 28명, 수원 1명, 시흥 1명 등 모두 80명 정도에 불과했답니다.

그런데 처음에는 전화 상대방이 자기를 볼 수 없다는 점을 이용해 전화기에 대고 욕설을 퍼붓는 경우가 많았다고 해요. 그래서 공중전

▲초창기의 남자 전화 교환원

화 옆에 바로 관리가 지키고 앉아 예의에 어긋나는 말을 하거나 욕하는 사람이 있으면 통화를 금지시켰어요.

초창기의 전화 교환원은 남자였어요. 남자가 한복에 상투를 틀고 교환대에 앉아 교환수 일을 보았지요.

고종황제와 덕률풍

전화기가 처음 들어왔을 때, 우리나라 사람들은 '텔레폰'이란 영어 이름을 우리식 말로 바꿔 '다리풍' '덕률풍' '득률풍' 등으로 불렀어요. 또 전화기의 의미를 풀이해 말소리를 주고받거나 전한다 하여 '어화통', '전어기' 등이라고도 했어요.

전화 초창기에 전화의 혜택을 가장 많이 누린 사람은 고종황제와 궁내부 사람들이었어요. 특히 고종은 전화를 즐겨 사용했대요.

당시 청나라와 일본, 러시아에 시달리던 고종은 가까운 신하도 잘 믿지 못했어요. 그래서 중요한 일이 있을 때는 신하와 직접 전화기로 통화했어요.

내시가 통화 상대인 신하에게 미리 전화 받을 시간을 가르쳐주면, 그 신하는 관복을 잘 추스르고 기다렸어요. 그러다 고종에게서 전화가 오면, 전화기를 향해 큰 절을 세 번 한 뒤 무릎을 꿇고 통화했어요.

조대비(신정왕후, 조선 익종의 비)가 세상을 떠난 1891년 1월, 고종은 조대비의 묘가 있는 동구릉까지 임시로 전화를 설치했어요. 동구릉에 아침저녁으로 찾아가기엔 너무 멀기 때문에 전화로 문안 인사를 올리려 한 것이지요.

고종의 뒤를 위어 왕위를 물려받았던 순종도 자신이 사는 창덕궁과 고종이 사는 덕수궁 사이에 직통 전화선을 설치하고, 고종에게 하루 네 번 문안 전화를 올렸어요. 특히 고종이 1919년 세상을 뜨자, 순종은 3년 동안 하루도 거르지 않고 아침마다 고종의 능 앞으로 전화를 걸어 곡을 했어요. 궁궐의 전화선을 고종의 묘가 있는 홍릉에 연결시켜 놓고 능지기가 수화기를 무덤 앞에 대면, 전화기를 통해 애끓는 곡소리를 보낸 것이지요.

▲1930년대에 쓰인 전화기

전화 덕분에 사형을 면한 김구

김구 선생은 1896년 2월에 황해도 안악군 대동강변에서 일본 육군 중위 쓰치다를 죽인 혐의로 붙잡혀 사형을 선고 받았어요. 그런데 그해 8월 26일 사형 집행을 몇 시간 앞두고 황궁에서 급한 시외 전화가 걸려왔어요.

"김구의 사형 집행을 당장 취소하시오."

뒤늦게 김구 선생이 사형을 당한다는 소식을 듣고, 고종이 인천의 행정 책임자에게 전화를 한 것이었어요. 서울과 인천 사이의 전화가 가설된 지 겨우 사흘 째 되던 날의 일이었어요. 만일 전화선이 놓이지 않았더라면 김구 선생은 그날 사형을 당하고 말았을 거예요.

김구 선생은 그날의 일을 《백범일지》에 이렇게 기록했어요.

"만일 서울과 인천 사이에 전화가 개통되지 않았다면(고종황제가) 아무리 나를 살리려 하셨더라도 그 은명(은혜로운 말씀)이 닿기 전에 나는 벌써 죽었을 것이다."

마르코니의 무선 전신

전파를 이용한 통신 시대 열리다

전신기와 전화기가 발명됨으로써 인류는 편리하고 빠른 전기 통신의 시대를 맞았어요. 하지만 전신이나 전화는 전선, 즉 전기선을 통하지 않고서는 통신을 할 수가 없었지요. 그런데 그 즈음 전파가 존재한다는 것이 증명되었어요. 굴리엘모 마르코니는 전파를 이용한 무선 전신을 발명했어요. 마르코니의 무선 전신은 전선 없이 소식과 정보를 전할 수 있는 무선 통신의 시대를 열었어요.

   1894년 어느 날, 이탈리아의 굴리엘모 마르코니(1874~1937년)는 과학 잡지를 보다가 눈을 번쩍 떴어요. 유명한 과학자인 하인리히 헤르츠에 관한 기사를 읽은 거예요.

   그 기사는 헤르츠의 업적을 다루면서 전자파에 대한 것을 자세히 싣고 있었어요. 헤르츠는 전파가 공간을 타고 이동한다는 것을 실험을 통해 증명해 낸 사람이에요. 순간 마르코니의 머릿속에는 이런 생각이 떠올랐어요.

   '전파가 물결처럼 공기 속으로 퍼져간다고? 그렇다면 전파를 이용해 전선 없이도 통신을 할 수 있지 않을까? 그러면 폭풍우 따위에 전선이 끊어지거나 손상될 염려도 없고, 유선 전신보다

훨씬 편리하겠다! 그래, 무선 전신에 대해 연구해 보자!'

마르코니는 곧 이탈리아 볼로냐 근처에 있는 자기 집의 다락방을 실험실로 꾸몄어요. 그러고는 무선 전신, 즉 전선 없이 전파를 이용해 통신하는 방법을 연구하는 데 온 힘을 기울였어요.

마르코니는 실험 과정에서 전기 불꽃을 일으켜 전파를 발생시키고, 이를 멀리까지 보내는 방법을 알아냈어요. 그런데 전파는 높은 곳에서 더 약해지는 것이었어요. 마르코니는 금속판 하나를 높은 곳에 놓고 또 다른 금속판은 땅에 닿게 해 보았어요. 그랬더니 전파가 훨씬 강해지고 멀리 전달되었어요. 이 금속판이 바로 안테나의 시초가 되었지요.

1895년에 마르코니는 전파와 안테나를 이용해 약 3km 떨어진 거리로 전기 신호를 보내는 데 성공했어요. 자신의 뜻대로 무선 전신이 성공하자, 마르코니의 기쁨은 이루 말할 수 없었어요. 그러나 이탈리아 정부는 무선 전신에 전혀 관심을 갖지 않았어요. 할 수 없이 마르코니는 어머니와 친척의 도움을 받아 1896년에 영국으로 건너갔어요.

그해 7월, 마르코니는 런던 우체국 옥상에 무선 전신기를 설치하고, 영국 관리들이 지켜보는 가운데 약 1km 떨어진 건물 사이의 무선 전신에 성공했어요. 9월에 한 실험에서는 송수신 거리가 6.4km까지 늘어났고요.

영국 정부는 무선 전신에 큰 관심을 보였어요.

"우리가 당신의 연구를 지원해 주겠소. 장거리 통신이 가능한지 더 실험을 해 보시오."

영국 정부는 곧 마르코니에게 무선 전신 특허를 내주고, 좀 더 먼 거리에서 통신할 수 있는 장비를 만들도록 지원해 주었어요. 무선 전신은 값비싼 전선을 설치할 필요가 없어, 영국처럼 많은 식민지를 다스려야 하는 나라로서는 무척 탐나는 통신 수단이었거든요. 그 결과 마르코니는 1897년 6월, 영국 브리스틀 해안에서 15km쯤 떨어진 작은 섬 사이에 무선 전신을 하는 데 성공했어요. 영국을 비롯한 세계 여러 나라의 신문은 전파를 이용한 무선 전신을 다투어 보도했어요. 이탈리아 정부도 그제야 무선 전신의 가치를 인정하고, 해군 군함에 무선 전신 장비를 설치하기 시작했어요.

　그 뒤 마르코니는 무선전신회사를 세우고 무선 연구를 거듭했어요. 특히 1899년 9월에 마르코니가 아메리카 컵 요트 경기의 진행 상황을 뉴욕 시의 신문사에 무선 전신으로 중계하자, 전 세계는 열광했어요. 미국에도 마르코니 무선전신회사가 세워질 정도였지요.

　"이제 내 목표는 대서양을 가로지르는 무선 전신을 성공시키는 거야."

　마르코니는 주먹을 불끈 쥐고 대서양을 횡단하는 무선 전신에 대한 실험을 시작했어요. 그래서 1901년 12월 12일에 영국 콘월 주의 폴두에서 캐나다 뉴펀들랜드의 세인트존스로 전기 신호를 보내는 데 성공했지요. 이때 마르코니가 보낸 전기 신호는 문

▲무선 전신을 개발한 마르코니

자 'S'를 뜻하는 부호인 점 3개였어요.

"공중에 쏘아올린 전기 신호가 전선도 없이 바다를 건넜다!"

세계의 신문들은 무선 전신의 대서양 횡단에 놀라며, 너도나도 마르코니의 대서양 횡단 무선 전신 소식을 보도했어요.

> **라디오** 무선에 의한 음성·음향의 방송과 그것을 들을 수 있는 그 수신기를 말해. 넓게는 무선 모두를 뜻하는 말이지만 보통 전파에 의한 음성 방송과 그 수신기를 말하는 경우가 많아.

그 뒤 세계는 전파에 의한 통신, 즉 무선 통신의 시대로 접어들었어요. 사람들은 바다 위에 떠있는 배에서도, 하늘을 나는 비행기 안에서도, 서로 무선 전신을 이용해 통신을 할 수 있게 되었어요. 또 음성과 음악 등을 전파에 실어 보내는 라디오 방송 시대도 열리게 되었지요. 이런 업적을 인정받아 마르코니는 1909년에 노벨 물리학상까지 받았어요.

무선 전신의 아버지, 마르코니가 1937년 7월 20일에 63세로 죽자, 그의 사망 소식은 무선 전신을 타고 전 세계로 알려졌어요. 또 전 세계의 무선 전신국은 그의 업적을 기리며 2분 동안 손을 놓았고, 라디오 방송국들은 침묵 방송을 내보냈어요.

통하면 통하는 통신 이야기

타이타닉 호와 무선 전신

1912년 4월, 영국의 호화 여객선 타이타닉 호는 2200여 명의 여객과 선원을 태우고 미국 뉴욕으로 향하고 있었어요. 그런데 그만 커다란 빙산에 부딪혀 배가 뒤집히고, 바다 속으로 가라앉게 되었어요. 선장은 무선 전신 기사에게 긴급 구조 전보를 치게 했어요. 하지만 대부분의 배들은 너무 멀리 있어 타이타닉 호를 도울 수가 없었어요. 가장

가까운 곳에 있던 캘리포니아 호도 전신 기사가 피곤에 지쳐 자리를 비운 터라 긴급 구조 전보를 받지 못했고요.

얼마 뒤 99km나 떨어진 곳을 항해하던 카르파티아 호가 타이타닉이 침몰한 현장으로 왔어요. 하지만 그때는 배가 가라앉은 지 2시간이나 지난 뒤라 승객 1500명은 이미 빠져 죽었고, 보트에 있던 700여 명 정도의 승객만 구할 수 있었어요. 그러나 만약 마르코니가 무선 전신을 발명하지 않았다면 700여 명의 승객도 구할 수 없었을 거예요.

이 사고가 있은 뒤로 무선 전신의 중요성이 크게 높아졌어요. 그래서 무게 5000톤, 승객수가 50명을 넘는 배에는 반드시 무선 전신 장치를 설치하고 전신 기사가 서로 교대하며 24시간 동안 자리를 지키도록 정했답니다.

무선 전신을 이용한 라디오 시대

대서양을 횡단하는 무선 전신이 성공하면서 전파에 의한 무선 통신의 가능성이 활짝 열렸어요. 그래서 과학자들은 전기 신호뿐 아니라 전파에 목소리와 음악을 실어 보낼 수 있다면 아주 멋진 일이라고 생각했지요.

처음으로 목소리와 음악을 전파에 실어 보내는 데 성공한 사람은 미국의 레지널드 페슨든(1866~1932년)이에요. 그는 1906년 12월 24일 매사추세츠 주 브랜트록 실험국에서 크리스마스 인사와 함께 음악을 전파에 실어 보냈어요. 이것이 세계 최초의 라디오 방송이지요.

1907년에 미국의 리 드 포리스트(1873~1961년)는 전파를 이용해 목소리와 음악을 보다 먼 거리까지 보낼 수 있는 3극 진공관이라는 것을 발명했어요. 그래서 1908년 프랑스 파리 에펠탑에서 음악을 방송했고, 1910년에는 뉴욕 메트로폴리탄 오페라 극장에서 오페라를 중계 방송했어요.

1920년 11월에는 미국의 웨스팅하우스사가 펜실베이니아 주 피츠버그에 세계 최초의 고정 라디오 방송국인 KDKA의 문을 열었어요. 이 방송국이 세계 최초의 고정 라디오 방송국인 셈이지요. KDKA 국은 개국 기념으로 1920년 11월 2일 오후 6시, 대통령 선거 개표 속보를 실시간으로 중계하고 하딩 대통령의 당선을 알려 사람들을 놀라게 했어요.

그 뒤 라디오 방송국이 크게 늘어나, 1922년에는 미국 전체에 500여 개의 방송국이 생길 정도였어요. 라디오 방송은 사람들에게 아주 중요한 통신 수단이 되었어요. 라디오 앞에 모여 앉아 새로운 뉴스와 음악, 스포츠 중계, 연

▲세계 최초의 라디오 방송국인 KDKA 스튜디오(위)와 방송 모습(아래). 빌딩 옥상에 텐트를 쳐놓고 방송했어요.

속극을 들었으니까요.

유럽에서도 1922년부터 프랑스 국영방송, 영국방송회사(BBC), 소련 모스크바 방송국 등이 라디오 방송을 시작했어요.

한편 미국의 에드윈 암스트롱(1890~1954년)은 1933년 라디오 방송 기술의 역사에 남을 획기적인 발명을 했어요. 그때까지 방송 전파는 서로 혼선이 되거나 잡음이 생기고 시간에 따라 세기가 달라지는 등 많은 단점을 갖고 있었어요. 그런데 암스트롱이 잡음이 거의 없는 새로운 방송 방법을 개발해 냈어요. 덕분에 라디오 방송은 사람들의 생활에 깊숙이 파고들었지요.

우리나라, 1927년 라디오 방송 시작

우리나라는 일제 강점기인 1927년 2월 16일, 일본이 세운 경성방송국에서 처음으로 라디오 방송을 시작했어요. 이때는 같은 채널에서 우리말과 일본말 방송을 번갈아 내보냈는데, 처음에는 3대 7의 비율로 일본말 방송을 더 많이 내보냈어요. 또 방송 내용도 일일이 조선총독부로부터 사전에 검열을 받아야 했어요.

그 당시 라디오 방송 수신기는 전국적으로 5260대에 지나지 않았어요.

▲우리나라 처음의 라디오 방송국인 경성방송국의 가곡 방송 장면

그중 우리나라 사람들이 갖고 있는 것은 고작 949대뿐이고 일본인이 훨씬 더 많은 4161대를 갖고 있었어요. 그때는 쌀 한 가마가 400여 환이었는데, 라디오 한 대에 2만여 환이나 했어요. 그러니 부유층만이 라디오를 가질 수 있었지요.

초창기 라디오 방송국에서는 뉴스, 기악 연주, 만담, 강연, 소설 낭독, 외국어 강좌, 라디오 연극, 스포츠, 웅변대회, 시장 풍경 등을 방송했어요.

그런데 뉴스의 경우 공공기관의 소식을 전하는 정도여서 항상 뉴스거리가 부족했다고 해요. 관청이 쉬는 휴일에는 그나마 관청 뉴스도 없어 "7시 뉴스를 보내드리겠습니다. 오늘 뉴스는 없습니다. 이상으로 뉴스를 마칩니다."하는 방송을 내보내기까지 했어요.

경성방송국이 우리말과 일본말을 분리한 이중 방송을 시작하고 전국적으로 방송망을 넓힌 것은 1933년 4월 26일부터였어요. 채널이 두 개로 늘어나고, 방송 시간도 많이 늘었어요.

해방이 된 뒤 대한민국 정부가 세워지자 1948년에는 서울중앙방송국(지금의 KBS)이 설립되었어요. 또 1954년 기독교방송국(CBS), 1961년 한국문화방송(MBC), 1963년 동아방송(DBS), 1964년 라디오서울(RSC) 등이 차례로 세워져 라디오 방송을 했어요.

로랜드 힐의 근대 우편 제도

편지요, 편지!

오늘날 우리는 인터넷과 휴대 전화를 이용해 최첨단 방식으로 통신을 하지만, 한편으로는 우체국을 통해 엽서나 편지, 소포, 등기 같은 우편 제도가 만들어지기 전에는 직접 사람이 들고 가야만 했지요. 또 초기의 우편 제도는 편지를 받는 사람이 돈을 내야 했어요. 편지를 보내는 사람이 우표를 사서 붙이는 오늘날의 우편 제도는 19세기 영국의 로랜드 힐이 만든 것이랍니다.

1836년 어느 날, 영국의 시골길을 걷던 로랜드 힐은 우연히 우편 집배원이 젊은 여자와 실랑이하는 걸 보았어요. 집배원이 여자에게 편지 봉투를 건넸는데, 여자가 이렇게 말하는 게 아니겠어요?

"저는 편지받을 돈이 없어요. 그러니 도로 갖고 가세요."

집배원은 그래도 여자에게 편지를 받으라고 했어요. 하지만 여자는 돈이 없다며 똑같은 말을 되풀이하는 거예요. 집배원은 할 수 없이 편지 봉투를 우편 꾸러미에 도로 집어넣었어요.

힐은 돈이 없어 자기한테 온 편지를 못 받는 여자가 딱해 보였어요. 그래서 대신 우편 요금을 내주고 집배원으로부터 편지

를 받아 여자에게 건넸어요. 그런데 여자는 고마워하기는커녕 시큰둥한 말투로 이렇게 말했어요.

"이건 약혼자가 보낸 편지인데 돈 내고 받을 필요까진 없었어요. 편지 안에 무슨 내용이 적혔는지 다 알고 있거든요."

약혼자가 편지 겉봉에 둘만이 아는 암호를 간단히 적어 놓아, 굳이 비싸게 우편 요금을 내고 편지를 받지 않아도 내용을 알 수 있다는 거였어요.

과연 여자의 손에 들린 편지에는 힐이 전혀 알아볼 수 없는 암호가 아주 작게 적혀 있었어요. 여자와 헤어져 집으로 돌아가며 힐은 이런 생각을 했어요.

'우편 제도가 너무 엉망이군. 편지를 보내는 사람이 아니라 받는 사람이 우편 요금을 내니까 저런 일이 생기는 거야. 우편 요금도 너무 비싸고 말이야. 우편 제도를 고치는 방법을 내가 한번 연구해 봐야겠어.'

영국에는 우편 제도가 16세기 초부터 마련돼 주요 도로를 따라 우체국이 세워져 있었어요. 그러나 왕실을 위한 제도라 일반 국민들은 이용할 수 없었어요.

그 뒤 1635년에 국영 우편이 일반 국민에게도 개방되었어요. 1680년에는 런던의 상인 윌리엄 도크라가 만든 '페니 우편'이라는 민간 우편 제도까지 선보였지요.

'페니 우편'은 우편물을 보내는 사람이 1페니(영국의 화폐 단위, 1페니는 1파운드의 100분의 1)를 내면, 발송지와 발송된 시간을 나타내는 도장을 찍은 뒤 집배원이 우편물을 각 가정에 배달해 주는 제도였어요.

요금이 싼 데다 우편물을 빨리 전해 주어 아주 인기가 많았지요. 그러나 페니 우편은 정부의 우편물 독점권을 침해했다는 이유로 2년 뒤에 영업 정지 명령을 받고 말았어요.

그 뒤 영국의 우편 제도는 우편물을 보내는 사람이 아니라 받는 사람이 우편 요금을 현금으로 내는 것으로 정해졌어요. 또 우편 요금은 편지를 보내는 거리와 편지의 무게에 따라 달랐어요. 그러다 보니 우편 요금이 아주 비싸서 일반 서민들은 우편 제도를 이용할 엄두조차 내지 못했어요. 그래서 기다렸던 편지를 돈이 없어 받지 못하는 사람들이 꽤 생겼어요.

이 때문에 가난한 사람들은 미리 약속한 암호나 비밀 표시를 겉봉에 작게 적어, 우편 요금을 내고 편지를 받지 않고도 소식을 알 수 있는 편법을 쓰기까지 했어요. 우편 요금을 낼 돈이 없을 때에는 우편물을 되돌려 주고, 며칠 뒤에 다시 와 달라고 사정하는 경우도 있었고요. 집배원이 편지 받을 사람이 있는 자리에서 우편 요금을 직접 계산하기 때문에, 때로는 비싸다고 하면 요금을 적당히 깎아 주기까지 했어요.

로랜드 힐(1795~1879년)은 아버지가 세운 학교에서 학생들에게 천문학을 가르치다가, 스물네 살 때 직접 학교를 세우고, 스물일곱 살 때는 교육 개혁에 관한 보고서를 내기도 한 교육 전문가였어요. 그런데 영국 우편 제도의 모순을 경험한 뒤, 우편 제도를 연구하기 시작한 거예요.

▲근대 우편 제도의 아버지로 불리는 로랜드 힐

그 결과 힐은 1837년 우편 역사에 길이 남을 〈우체국의 개혁-그 중요성과 실효성〉이란 논문을 내놓았어요.

이 논문에서 힐은 거리를 기준으로 하고 우편물을 받는 사람이 현금으로 우편 요금을 내는 제도는 문제가 있다는 것을 지적했어요. 이러한 요금 체계는 오히려 요금을 계산하는 데 많은 인력이 필요해 운영비가 더 많이 든다는 것이었어요.

힐은 거리에 관계없이 똑같은 우편 요금을 적용하되, 우편물의 무게에 따라 일정한 비율로 요금을 더 내게 하자고 제안했어요. 즉 우편물 24g에 1페니의 기본 요금을 정해 놓고, 무게가 그 이상을 넘게 되면 일정한 비율로 요금을 더 내게 하자는 것이었지요.

힐은 또 우편 요금을 받는 사람이 현금으로 내지 않고, 우편물을 보내는 사람이 요금에 해당하는 우표를 사서 봉투에 붙이는 방법을 제안했어요.

힐의 제안에 일반 국민들은 커다란 지지를 보냈어요. 그래서 영국 의회는 1840년 힐의 제안을 그대로 받아들여 새 우편 제도로 채택했어요.

힐의 개혁안은 우편 제도를 왕실이나 특권층이 아닌 일반 대중의 통신 수단으로 자리 잡게 했다는 점에서 큰 의미가 있어요. 또 그 당시 크게 늘어나고 있던 우편 업무를 원활하게 해결했다는 점에서도 높은 평가를 받지요. 1843년부터 스위스와 브라질을 시작으로, 세계 여러 나라들이 힐의 개혁안을 본뜬 우편 제도를 마련했어요.

그 결과 근대 우편 제도가 확립되었고, 전 세계 사람들은 더 빠르고 더 안전하며 더 값싸게 소식을 주고받을 수 있게 되었어요. 나아가 자기 나라뿐 아니라 외국과의 우편물 교환도 원활해져, 1874년에는 만국우편연합(UPU)까지 만들어졌어요.

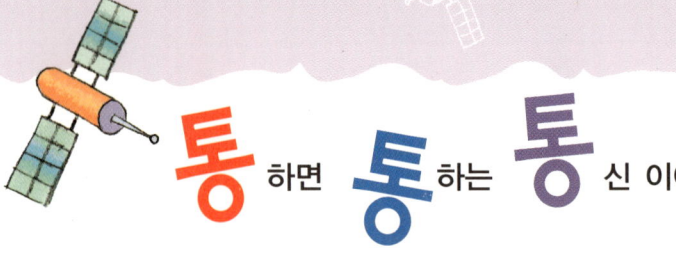
통하면 통하는 통신 이야기

첫 우표 이야기

우표는 우편 요금을 냈다는 것을 증명하기 위해 우체국에서 발행하는 일종의 '증표'예요. 세계 최초의 우표는 1840년 5월에 영국에서 만든 '블랙 페니(Black Penny)'랍니다.

로랜드 힐이 우표를 붙이는 방식을 제안하자, 영국 우정성은 일반 국민들에게 우표 디자인을 공모했어요. 그런데 2600여 건에 이르는 많은 응모작 중에 눈이 번쩍 뜨일 만한 디자인은 없었어요.

그러자 힐은 빅토리아 여왕의 즉위식 때 조각가가 만든 기념 메달을 소재로 해서 첫 우표를 만들자고 제안했어요. 우정성은 그 제안을 받아들였고, 힐은 직접 우표를 디자인했어요.

▲1페니 우표

그래서 1840년 5월 6일에 빅토리아 여왕의 옆모습이 담긴 1페니짜리 우표와 2펜스짜리 우표 2종류를 발행했어요. 이들 우표가 세계 최초의 우표예요.

1페니 우표는 검정색으로 인쇄했어요. 그래서 '페니 블랙'이란 애칭으로도 불렸지요. 또 청색으로 인쇄한 2펜스 우표는 '펜스 블루'라고 했고요.

　우리나라의 첫 우표는 1884년 11월 18일에 우리나라 첫 우편 행정 관청이었던 우정총국이 업무를 시작하면서 발행한 '문위(文位) 우표'예요. '문위'란 이름은 당시의 화폐 단위가 '문(文)'이었기 때문에 수집가들 사이에 붙여진 이름이고요.

　문위 우표는 일본에서 인쇄해 원래 5가지 종류로 발매될 예정이었어요. 그러나 우정총국이 개국하기 전 일본에서 5문과 10문짜리 등 두 종류의 우표만 도착해, 한성과 인천 사이에 오고간 우편물에 쓰였어요. 나머지 25문, 50문, 100문짜리 등 세 가지의 우표는 그해 12월 4일에 우정총국 개국 잔치 자리에서 일어난 갑신정변이 실패해, 우정총국이 폐쇄될 때까지 도착하지 않았지요. 그래서 실제로 사용된 문

위 우표는 5문과 10문짜리 2종류뿐이에요.

우리나라의 우편 제도

우리나라의 우편 제도는 1844년 4월 22일에 우정총국이 설치되면서 시작됐어요. 우정총국은 당시 미국 사절단이었던 보빙사의 부사 자격으로 미국 우정국과 뉴욕 우체국 등을 둘러보고 온 홍영식(1855~1884년)이 고종에게 근대 우편 제도를 도입해야 한다고 주장하여 세워졌어요.

그때 고종은 "여러 나라와 통상을 시작한 뒤 안팎으로 서로 연락할 일이 날로 늘어나고, 관청과 상인 사이에도 소식을 주고받을 일이 많아졌다."면서 우편 업무를 담당할 우정총국을 세우게 했어요. 또 최고 책임자인 우정총판에는 병조참판 홍영식을 겸임으로 임명했지요.

그 뒤 우정총국은 일본, 홍콩의 우정국과 우편물 교환 협정을 맺었

▲우정총국 초대 총판이자 우리나라 근대 우편의 창시자인 홍영식과 우리나라 첫 우표인 문위우표

고, 만국우편연합에도 가입했어요. 1884년 11월 18일에는 서울의 우정총국과 인천의 우정분국을 중심으로 해 본격적인 우편 업무를 시작했고요. 특히 이날을 기해 우리나라 첫 우표가 발행되었고, 하루에 두 번씩 우편물이 수집돼 배달되었지요.

◀서울 종로구 견지동에 있는 우정총국 건물. 우리나라 근대 우편이 시작된 곳이자 갑신정변이 일어났던 장소예요. 지금은 체신기념관으로 쓰이고 있으며 사적 213호로 지정돼 보호되고 있어요.

그러나 우정총국은 우편 업무를 시작한 지 20일 만에 문을 닫아야 했어요. 그해 12월 4일 우정총국에서 열린 개국 축하 잔치장에서 김옥균, 박영효, 홍영식, 서광범, 서재필 등 개화파들이 갑신정변을 일으켰기 때문이에요. 갑신정변이 사흘 만에 실패로 돌아가자, 12월 8일 고종은 우정총국을 없애고 우편 업무도 중단시켰어요. 이로 인해 우리나라의 통신은 다시 전통 방식인 역참 제도로 되돌아갔어요.

그러다 1895년 전신을 담당하던 전신총국이 전우총국으로 이름을 바꾸고 전신과 우편 업무를 함께 취급하게 되었어요. 그해 서울과 인천 사이의 우편 업무를 다시 시작하고, 1900년 1월 1일에는 국제기구 사상 처음으로 만국우편연합(UPU)에도 가입했지요.

그 뒤 일제 강점기에는 총독부 체신국이, 1945년 8월 15일 해방 후 미군정기에는 미군정청 체신부가, 대한민국 정부 수립 뒤에는 체신부가 우편 행정을 담당했어요. 지금은 우정사업본부가 우리나라 우편 업무를 맡고 있어요.

집배원과 우편 번호

우편물을 배달해 주는 일을 하는 사람을 집배원이라고 해요. 이는 '우편물을 모아서(集:모을 집) 배달(配:배달할 배)하는 사람'이란 뜻이에요.

1884년에 우정총국이 설립됐을 때는 집배원을 체전부, 체부, 우체군 등으로 불렀어요. 시간이 지나면서 우편 배달부와 우체부란 이름을 쓰기도 했지요. 그러다가 1905년부터 집배원이라고 부르게 되었어요.

1999년, 우정사업본부는 집배원이란 명칭을 다른 말로 바꾸어 보

려고 새 이름을 공모했어요. '우편정보원', '까치 아저씨' 등 여러 가지 독특한 아이디어가 나왔지만 딱 들어맞는 마땅한 이름을 찾지 못했어요. 그래서 결국 집배원이란 명칭을 그대로 쓰기로 했지요.

2009년에도 우정사업본부에서는 9월 21일부터 한 달 동안 집배원의 새 이름을 공모하고 있어요. 2009년 11월 18일에 결과를 발표한다고 해요.

우리가 우체국에서 편지나 소포 등 우편물을 보낼 때는 겉봉투에 우편 번호를 꼭 써야 해요. 우편 번호는 언제부터, 무슨 까닭으로 쓰게 되었을까요?

우편 업무는 우편물을 접수하는 것부터 시작해 구분, 운송, 배달에 이르기까지 총 네 번의 과정을 거치게 돼요. 그런데 이 중에서 사람의 일손을 가장 많이 필요로 하는 과정이 우편물을 도착할 주소에 따라 나누는 과정이에요.

이 과정을 줄이기 위해 나온 것이 우편 번호예요. 우편 번호는 우편물이 접수되고 배달되는 지역을 숫자로 표시한 것이지요. 그래서 주소를 읽지 않더라도 배달될 곳을 쉽게 구분할 수 있어요. 우편 번호 제도는 1959년 10월에 영국에서 맨 처음 실시했는데, 우리나라에서는 1970년 7월 1일부터 쓰기 시작했어요.

베어드의 TV 발명

요술 상자속에서 새로운 소식이!

전화와 라디오가 사람들의 중요한 통신 수단으로 자리 잡자, 과학자들의 관심은 다른 곳에 쏠렸어요. 바로 움직이는 영상을 전송할 수 있는 장치, 곧 TV를 만드는 것이었지요. 세계 최초로 TV를 발명한 사람은 존 로지 베어드라는 영국인이에요. TV는 컴퓨터와 인터넷이 등장한 오늘날까지도 세계 구석구석의 소식과 정보를 생생한 영상으로 보여주는 중요한 통신 수단이에요.

'전화기도 발명되고 전파를 이용해 라디오 방송도 하는데, 사람이나 사물의 움직이는 모습을 전송하는 장치는 왜 없을까? 내가 그것을 한번 만들어 봐야겠어!'

1922년 어느 날, 아마추어 과학자 존 로지 베어드는 이런 생각을 했어요. 그래서 런던의 작은 다락방에 실험실을 차리고, 연구에 필요한 기계와 재료를 샀어요. 고물상에 가서 못 쓰는 가구, 마분지, 선풍기 모터, 자전거 부속품, 램프의 렌즈, 손전등, 전지 등도 헐값에 구해 왔지요.

영국 스코틀랜드에서 태어난 존 로지 베어드(1888~1946년)는 어릴 때부터 과학을 좋아해 직접 무엇을 만들거나 실험을 즐겨

했어요.

과학 잡지에 난 기사를 읽고 자기 집과 친구 집을 전화선으로 연결해 전화기 실험을 하기도 하고, 전등과 비행용 글라이더를 직접 만들 정도로 손재주가 뛰어났어요.

> **TV(television)** 텔레비전은 '멀다'라는 뜻의 그리스어 'Tele'와 '본다'는 뜻의 라틴어 'Videre'에서 나온 말이야. 움직이는 영상과 음성 정보를 전파로 송신해 멀리 떨어진 곳에서도 볼 수 있게 해 주는 통신 장치이지.

베어드는 그 뒤 공과 대학에 진학해 과학을 전공했지만 제1차 세계 대전이 일어나는 바람에 공부를 그만두어야 했어요. 그 뒤 비누, 젤리, 사탕 등을 만들어 파는 사업을 하다가 실패하고 영상 전송 장치를 만드는 일에 눈을 돌렸지요.

실험을 시작한 지 3년 뒤인 1925년, 베어드는 움직이는 영상을 멀리까지 전송해 보여 주는 기계식 TV를 세계 최초로 만들었어요.

그것은 작은 구멍이 여러 개 뚫린 닙코 원판이라는 것을 이용한 것이었어요. 즉 이 원판을 빨리 회전시켜 구멍을 통해 물체의 이미지를 담은 빛을 전기 신호로 바꾸어 주면, 화면을 통해 다시 원래의 영상이 재생되는 원리였어요.

베어드의 TV는 사용하기가 너무 복잡했고 흑백 화면인 데다, 화질도 흐리고 볼품이 없었어요. 하지만 그때만 해도 신기한 발명품이라 순식간에 런던 바닥에 소문이 쫙 퍼졌어요.

어느 날 큰 백화점의 사장이 베어드를 찾아와 말했어요.

"선생께서 멋진 발명품을 만들었다고 들었습니다. 우리 백화점에서 당신의 발명품을 선보여 주시지요."

베어드는 어렵게 만든 자신의 발명품이 한낱 백화점을 홍보하기 위한 물건이 되는 것이 달갑지 않았어요. 하지만 사람들의 반응을 알아볼 겸해서 못 이기는 척 승낙을 했지요.

1925년 4월, 드디어 베어드의 TV가 백화점에서 사람들 앞에 첫선을 보였어요.

그때 베어드가 화면에 전송해 보인 영상은 '빌'이란 이름의 인형이었어요. TV 화면에 인형의 모습이 보이자 사람들은 무척 놀라워했어요.

"와, 정말 신기하다. 어떻게 기계에 인형 모습이 보이지?"

베어드의 TV는 화면이 작고 어두워 영상이 겨우 보일 정도였어요. 하지만 하루 세 번 전시되는 TV를 구경하기 위해 사람들은 백화점 앞에 줄줄이 줄을 설 정도였지요.

TV가 인기를 끌자, 베어드는 인형 대신 조수로 일하던 사람을 모델로 썼어요. 실제 사람 모습이 화면에 비치자 사람들은 TV를 마술 상자, 요술 상자라며 더욱 신기해 했어요.

영국왕립과학학회도 베어드의 TV에 큰 관심을 보였어요. 그래서 베어드는 1926년 1월 왕립과학학회 50여 명의 과학자들이 보는 가운데 TV를 공개했어요. 런던의 신문들은 TV 발명 소식을 대대적으로 보도했고, 베어드는 대번에 유명한 발명가로 우뚝 섰지요.

그 뒤 베어드는 베어드TV라는 회사를 차리고, 더 뚜렷하고

보다 먼 거리에서 영상을 송수신할 수 있는 TV를 만들기 위해 연구를 계속했어요.

1927년에는 런던에서 704km나 떨어진 글래스고로 영상을 보내는 실험이 성공을 거두었어요. 다음 해에는 런던에서 보낸 영상을 뉴욕에 있는 TV로 볼 수 있을 정도가 되었지요.

그동안 라디오 방송만 하던 영국 BBC 방송국은 1929년부터 베어드가 발명한 TV로 세계에서 처음으로 TV 실험 방송을 시작했어요.

베어드는 TV의 상품성을 높이기 위해 연극 등 TV로 볼 수 있는 다양한 프로그램을 개발했지요. 특히 말들이 달리는 모습을 생생하게 보여준 경마 중계방송은 TV를 세상에 알리는 데 크게 이바지했어요.

그런데 뜻밖의 적수가 나타났어요. 바로 오늘날 우리가 보는 TV와 같은 전자식 TV가 발명된 거예요. 베어드가 발명한 기계식 TV는 화질이 흐릿하고 깜빡거리는 단점이 있는데, 전자식 TV는 훨씬 더 선명하고 화질도 좋았어요.

BBC는 1936년에 정규 TV 방송을 시작하면서 베어드의 기계식 TV가 아니라 전자식 TV를 택했어요. 베어드는 크게 실망했지만 어쩔 수 없었어요.

그러나 베어드가 세계에서 처음으로 TV를 발명해 낸 덕분에 전자

▲ 헬렌스버그에 있는 베어드의 흉상

식 TV도 나올 수 있게 된 거예요.

 그 뒤 TV는 놀랄 만한 속도로 보급돼, 세계 곳곳의 소식을 전해 주는 가장 정확하고 생생하며 영향력 있는 대중 통신 수단이 되었어요.

▲최근의 TV는 모니터의 두께가 얇아졌고 화질이 아주 선명해졌어요.

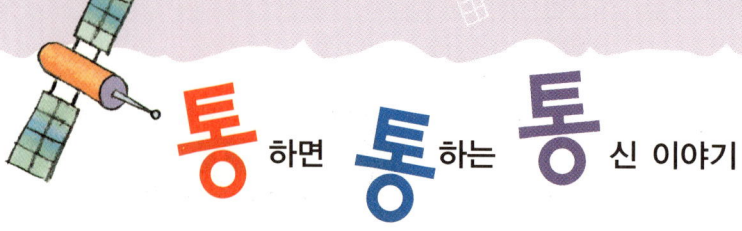

전자식 TV 시대를 연 사람들

오늘날의 TV는 전자식 TV예요. 독일의 카를 페르디난트 브라운(1850~1918년)이 1897년 '브라운관'을 발명하면서 시작되었지요. 브라운관은 전자식 TV의 송신과 수신을 담당하는 장치로, 유리로 된 진공 용기와 전자총 등으로 이루어졌어요. 그 뒤 러시아 태생의 미국 과학자 블라디미르 즈보리킨(1889~1982년)이 1923년 '아이코노스코프'라는 TV 송신 장치와 '키네스코프'라는 수신용 브라운관을 발명해, 비로소 전자식 TV가 선보이게 되었지요.

또 미국의 필로 판스워스(1906~1971년)는 1928년에 '이미지 디젝터'라 불리는 영상 촬영 장치를 발명, 전자식 TV의 문제점을 보완했어요. 이 때문에 즈보리킨과 판스워스는 둘 다 전자식 TV 발명자이자 '현대 TV의 아버지'로 인정받고 있어요.

세계의 TV 방송 역사

세계의 여러 나라들은 1920년대 말과 1930년대 초에 TV 실험 방송을 시작했어요. 그러다가 영국은 1936년에, 미국은 1939년에 정규 방송을 시작했지요.

그러나 TV가 본격적으로 보급되고 활발한 방송이 이루어진 것은 1940년대 말부터예요. 특히 1950년대에 컬러 TV가 나온 뒤에는 더욱 폭발적인 인기를 누리게 되었지요.

TV가 등장하면서 듣기만 했던 청각 통신의 시대는 가고, 보고 듣는 시청각 통신 시대가 되었어요. 특히 TV가 엄청난 대중 통신 수단이라는 것을 증명한 것은, 1969년 7월 20일에 닐 암스트롱 등 3명의 우주 비행사의 달 착륙을 생중계로 방송한 일이었어요. 암스트롱이 지구로부터 무려 38만 4400km나 떨어진 달에 착륙해 돌아다니는 모습을 전 세계 사람들이 TV로 생생하게 지켜보며, TV의 위력을 실감했어요. 이로써 TV의 시대는 더욱 활짝 펼쳐졌지요.

TV 방송은 구체적이고 생생한 영상을 통해 매일매일 세계 여러 곳에서 일어나는 소식을 현장감 있게 전달해 주고 있어요. 또 뉴스, 오락, 교육, 교양 등 거의 전 분야에 대해 다양한 내용을 다루고 있어 대중 통신 수단으로서의 역할을 톡톡히 하지요.

▲닐 암스트롱이 인류 최초로 달에 착륙해 달 표면을 걸어다니는 모습을 생중계함으로써 TV는 세계인에게 깊은 인상을 남겼어요.

우리나라 TV 방송의 역사

우리나라는 1956년 5월 12일, 처음으로 TV 방송을 시작했어요. 미국 전기방송회사인 RCA사의 한국 대리점인 KORCAD가 HLKZ-TV를 개국한 것이지요. 이때는 하루에 두 시간씩 흑백 TV 방송을 내보냈는데, 주로 서울 지역에서만 시청할 수 있었어요. 아시아에서는 일본·홍콩·인도에 이어 네 번째로, 세계에서는 열다섯 번째로 TV 방송을 한 거예요.

이 방송국은 처음에는 서울 시내 주요 상점에 TV를 설치해 관심을 끌었지만 사람들은 그저 '이상하고 진기한 요술 상자' 정도로 생각했어요.

그때 보급된 TV 수는 겨우 250대였어요. 어른이 옮기기도 힘들 만큼 엄청나게 크고 무거운 데다 가격마저 서민들에게는 '그림의 떡'으로 여겨질 정도로 무척 비쌌거든요. 80kg짜리 쌀 한 가마가 1만 8000환이던 시절에 14인치 TV 한 대가 34만 환이나 했으니까요.

그러다 보니 당시의 방송사는 광고 수입이 거의 없고 TV 보급률도 낮아 경영이 어려워졌고, 1959년 화재가 나면서 방송은 중단되고 말았어요.

그 뒤 나라에서 운영하는 국영방송인 '서울텔레비전방송국'(KBS TV의 전신)이 1961년 12월에 흑백 TV 방송을 시작했고, 민간에서 운영하는 민영 방송으로는 1964년에 동양방송(TBC)이, 1969년에는 한국문화방송(MBC)이 차례로 방송을 시작했어요.

1970년대 초반까지만 해도 TV는 부와 지위의 상징이었어요. TV가 있는 집이 손꼽을 정도라서, 온 동네 사람들은 TV가 있는 집에 모여 함께 뉴스나 드라마 따위를 보았어요. 그래서 TV가 있는 집은 '동네 극장' 노릇을 하였지요. 그러다 70년대 중반부터 폭발적으로 수요가 늘어나, 집집마다 TV를 갖추기 시작했어요.

우리나라에서 컬러 TV 방송이 시작된 것은 1981년부터예요.

정보의 바다, 인터넷

지구를 하나로 잇는 거대한 그물

오늘날의 세계는 하나의 거대한 통신망으로 연결돼 있어요. 그것은 바로 '정보의 바다'로 불리는 인터넷이지요. 인터넷은 전세계의 컴퓨터가 서로 연결되어 정보를 교환할 수 있는 컴퓨터 통신망이에요. 인터넷 시대가 되면서 우리는 컴퓨터의 마우스만 클릭하면 세계에서 일어나는 각 분야의 소식과 정보를 마음껏 얻을 수 있게 되었어요.

"뭐라고? 소련이 인공위성을 쏘아 올렸다고? 그게 대체 무슨 말인가?"

1957년 10월 4일, 러시아(옛 소련)가 세계에서 처음으로 인공위성 스푸트니크 1호를 쏘아 올렸다는 소식을 듣고 당시 미국 대통령이었던 아이젠하워는 깜짝 놀랐어요. 그런데 자세한 이야기를 보고받은 뒤에는 대수롭지 않은 듯 이렇게 말했다고 해요.

"스푸트니크? 알고 보니 별 거

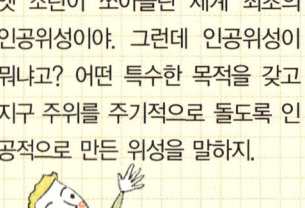

스푸트니크 1호 1957년 10월 4일 옛 소련이 쏘아올린 세계 최초의 인공위성이야. 그런데 인공위성이 뭐냐고? 어떤 특수한 목적을 갖고 지구 주위를 주기적으로 돌도록 인공적으로 만든 위성을 말하지.

아니군. '공중에 떠 있는 작은 공'일 뿐이잖아."

당시 아이젠하워는 말은 그렇게 했지만 실제로는 미국 군사 관리와 과학자들을 불러 비밀 회의를 열고 "우주 경쟁과 무기 경쟁에서 소련을 이겨야 한다."며 강하게 닦달했어요. 왜냐하면 그해 11월에 러시아는 처음으로 살아있는 개 '라이카'를 태운 스푸트니크 2호까지 발사하는 데 성공했거든요.

그 무렵 자본주의 국가인 미국과 사회주의 국가인 소련은 팽팽한 냉전을 벌이고 있었어요. 그러나 미국은 교육, 과학, 문화, 기술 등 모든 면에서 자기 나라가 훨씬 앞서 있다고 생각해, 소련을 그렇게 위협적인 존재로 보지는 않았어요.

그런데 소련이 세계에서 처음으로 인공위성을 발사하자 미국은 엄청난 충격을 받았어요. 인공위성을 쏘아 올리려면 최첨단 우주 과학 기술과 군사 기술이 뒷받침돼야 하는데, 당시 미국은 몇 년을 더 연구해야 하는 처지였거든요. 더구나 소련이 지구를 도는 인공위성을 쏘아 올릴 수 있다는 것은 지구촌 어디에나 핵폭탄을 떨어뜨릴 수 있다는 걸 의미했어요. 물론 그 첫 번째 대상은 바로 미국이 될 수 있었고요.

1958년, 미국에서는 부랴부랴 국방부 산하에 첨단연구프로젝트

소련 소비에트사회주의공화국 연방을 뜻하는 말이야. 1922년부터 1991년까지 공산주의 체제 하에서 아시아와 유럽에 걸친 세계 최대의 다민족 국가를 이루었지. 1991년 공산주의 포기와 공산당 해체를 계기로 각 공화국이 독립, 1992년 1월 1일에 독립국가연합(CIS)을 구성했어. CIS의 12개 공화국 가운데 소련이 차지했던 국제연합 안전보장이사회 상임이사국 자리는 러시아 연방이 이어받았지.

국 ARPA(Advanced Research Projects Agency)를 세웠어요. 그러고는 ARPA를 중심으로 대학과 연구기관 등 미국 최고의 과학자들을 모아 인공위성과 로켓을 개발하고 군사 기술을 연구하는 데 온 힘을 기울였어요.

ARPA에서는 특히 핵전쟁을 비롯한 큰 전쟁에 대비해 새로운 통신망을 갖추는 문제에 대해서도 연구했어요. 전쟁이 일어나면 공격권을 갖고 있는 나라에서는 십중팔구 적국의 군사 통신망을 겨누지요. 통신망을 파괴하면 적국의 명령 전달 체계가 흐트러져, 전쟁에서 이기는 게 훨씬 유리해지니까요.

ARPA에서는 '만약 소련의 핵 공격을 받는다면 군사 통신망을 어떻게 보호하고 어떻게 의사소통을 할 것인가'를 놓고 연구에 연구를 거듭했어요. 그 결과 서로 먼 거리에 있는 컴퓨터를 그물 모양으로 연결시켜 통신망을 짜면, 정보를 분산시킬 수도 있고 적의 공격으로 중심 시스템이 파괴되더라도 다른 통신망으로 연결될 수 있다는 의견이 나왔어요.

이렇게 해서 1968년에 선보인 통신망이 오늘날 인터넷의 시초가 된 '알파넷(ARPANET)'이었어요.

알파넷은 미국 국방성과 UCLA(캘리포니아대학 LA캠퍼스), 스탠퍼드대학, 캘리포니아대학 산타바버라 분교, 유타대학 등 미국의 4개 대학교를 연결한 통신망이에요. 알파넷이 설치되자 이들 기관의 과학자들은 서로의 연구 파일을 주고받으며 온라인 회의를 하는 등 여러 가지 원거리 통신을 할 수 있게 되었어요.

그러나 당시 미국과 소련은 냉전 상황에 있을 뿐 실제 전쟁이 일어나지는 않았어요. 그래서 알파넷은 군사용보다는 주로 일반 연구 자료를 주고받는 역할을 했지요.

> **냉전** 직접적으로 무기 등을 사용한 전쟁을 하는 것이 아니라, 경제, 외교 정보 따위를 수단으로 국제적인 대립을 하는 것을 말해. 특히 제2차 세계대전이 끝난 뒤 미국과 소련을 중심으로 펼쳐졌던 자본주의와 사회주의의 대립을 뜻하는 말이야. 그러나 1990년에 소련이 사회주의를 포기하면서 두 나라를 중심으로 한 세계의 냉전 시대는 사실상 끝이 났어.

그 뒤 알파넷은 1972년 10월에 워싱턴에서 열린 제1회 국제컴퓨터통신회의에서 일반 대중들에게 첫 선을 보였어요. 이에 따라 미국의 50여 개 대학과 연구소가 이 통신망으로 연결되기에 이르렀지요. 특히 그때부터는 일반 연구를 위한 알파넷과 엄격한 보안을 필요로 하는 군사용 밀넷(MILNET)으로 통신망을 나누게 되었어요. 이때 일반 연구를 위한 연구망을 '다르파 인터넷(DARPA Internet)'이라 이름 붙였는데, 이를 줄여서 인터넷이라 부른 거예요.

한편 미국 국립과학재단은 1986년에 다섯 곳의 슈퍼컴퓨터 센터를 연결해 새로운 통신망인 NSFNET을 만들었어요. 이것이 1980년대 말에 다르파넷과 합쳐져 대학, 연구소, 정부기관, 기업 등 세계 모든 곳을 연결하는 국제 통신망으로 발전했어요. 이로써 인터넷이 본격적으로 자리 잡히게 된 거예요.

1990년대 초반까지만 해도 인터넷은 정부와 교육 기관에서 주로 연구나 교육의 목적으로 이용했어요. 그러나 곧 상업적 기능이 연구 조사 기능을 앞질렀지요. 1991년에는 스위스의 유럽 입자물리연구소의 팀 버너스 리가 이른바 '세상을 엮는 그물'이라 불리는 월드와이드웹(www)을 개발했어요.

월드와이드웹은 각 네트워크끼리 통신과 정보 전달을 쉽게 할 수 있게 만들어 줌으로써 인터넷 인구가 빠르게 증가하는 터전이 되었어요. 또 1995년에는 미국 국립과학재단이 인터넷에서 손을 떼면서, 인터넷이 상업화되는 단계에 이르렀지요.

인터넷은 멀리 떨어져 있는 컴퓨터들이 서로의 정보를 자유롭게 주고받을 수 있도록 연결해 놓은 거대한 통신망이에요. 인터넷 시대가 되면서 따로따로 존재하던 컴퓨터들은 서로 이어지고, 지구촌은 하나로 연결되었어요. 그래서 책상에 앉아 컴퓨터의 마우스만 클릭하면, 누구나 그 시간에 세계에서 일어나는 각 분야의 최신 소식과 정보를 얻을 수 있는 실시간 통신이 가능해졌지요.

▲세계를 하나로 연결하는 인터넷으로 세상의 모든 것을 검색해 볼 수 있게 되었어요.

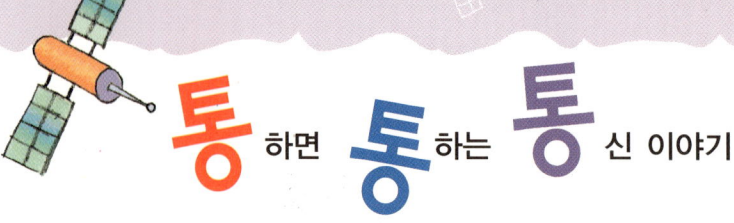 하면 통하는 통신 이야기

컴퓨터의 탄생과 발전

인터넷을 하려면 컴퓨터가 있어야 해요. 컴퓨터는 원래 빠르고 정확한 계산을 하기 위해 만들어졌어요.

세계 최초의 컴퓨터는 1946년에 미국 펜실베이니아대학교의 연구팀이 개발한 에니악(ENIAC)이에요. 에니악은 원래 전쟁에 대비해 군사용으로 만든 것이었어요. 대포를 쏘았을 때 대포가 떨어지는 위치를 알아내기 위해 탄도, 즉 대포가 날아가는 거리를 계산하기 위한 것이었지요. 에니악은 1만 8천 개의 진공관을 조립해 만들어 무게가 무려 30톤에 길이 30m, 높이가 2.5m나 되는 무척 큰 기계였어요. 하지만 1초에 5천 번의 계산을 할 수 있고, 당시 1백 명의 전문가가 1년 걸려 풀 문제를 단 2시간에 풀 정도로 놀라운 계산 속도를 자랑했어요.

하지만 에니악은 사용하기가 무척 복잡하고, 한 번 가동하면 시내의 전등이 모두 깜빡거릴 정도로 많은 전기가 필요했어요.

그 뒤에 미국 프린스턴 고등연구소 폰 노이만(1903~1957)은 명령이나 데이터를 기억시켜 놓고 필요에 따라 명령이나 데이터를 불러내 계산하는 '프로그램 내장 방식'의 컴퓨터를 고안했어요. 이 방식으로 1949년에 에드삭(EDSAC)이, 1951년과 1952년에는 에드박(EDVAC)

과 유니박(UNIVAC)이 나왔지요. 특히 유니박은 1952년 미국 대통령 선거가 끝난 지 단 45분 만에 대통령 투표 결과를 정리, 아이젠하워가 당선할 것이라고 정확히 예측해 사람들을 놀라게 했어요.

1960년대에는 커다란 진공관 대신에 크기도 작고 전력도 적게 드는 트랜지스터를 사용해 만든 제2세대 컴퓨터가 선보였어요. 이때부터 컴퓨터의 크기가 작아지고 처리 속도도 빨라졌으며, 소프트웨어의 중요성도 인식되기 시작했지요.

1970년대에는 전자 회로를 손톱만 한 크기의 반도체 결정체 위에 압축시킨 집적회로(IC)를 사용한 컴퓨터가 나왔어요. 이어서 부피가 아주 작은 마이크로프로세서(컴퓨터의 연산 장치와 제어 장치를 한 개의 작은 실리콘에 모아 놓은 처리 장치)를 사용해서 만든 컴퓨터가 등장했어요. 그래서 처리 능력은 훨씬 빠르지만 크기는 작으며, 값은 더욱 싸진 개인용 컴퓨터 시대가 됐지요. 1980년대부터는 사람처럼 생각하고 판단하며 보고 들을 수 있는 인공지능형 컴퓨터가 나왔지요.

▲오늘날의 컴퓨터 이론을 처음으로 제시한 폰 노이만(왼쪽)과 최초의 컴퓨터, 에니악(오른쪽)

우리나라 최초의 인터넷, SDN

우리나라 최초의 인터넷은 1982년에 만들어진 'SDN(System Development Network)'이에요.

SDN은 구미에 있던 전자기술연구소(지금의 한국전자통신연구원)와 서울대학교 컴퓨터공학과의 중앙 컴퓨터를 연결하면서 처음 시작되었고, 1983년부터 한국과학기술원(KAIST)과도 연결되었어요.

SDN은 국내 대학과 연구소를 연결해 컴퓨터와 네트워크 관련 연구 자료를 주고받는 통로로 이용되면서 우리나라 인터넷의 기초를 닦는 역할을 했어요.

특히 초기의 미국 인터넷에는 미국이 허락하는 몇몇 나라만 접속할 수 있었는데, 우리나라는 1990년 KAIST에서 하와이대학을 전용선으로 연결한 것을 시작으로 본격적으로 해외 인터넷과도 연결될 수 있었어요. 그래서 다른 나라보다 빠른 경험을 바탕으로 일본을 비롯한 아시아 여러 나라의 네트워크 구축을 도와줄 수 있었지요.

한편 1990년대 초에 월드와이드웹(www)이 개발되면서 인터넷 사용에 혁신적인 변화가 일어났어요. 우리나라에서도 1994년에 KAIST 인공지능연구센터에서 첫 웹 사이트를 구축해 운영하기 시작했지요.

같은 해 하반기에 한국통신이 코넷(KORNET)을, 데이콤이 데이콤인터넷을, 아이네트기술과 나우콤이 누리넷(NURInet) 서비스를 시작하면서, 대학교와 연구소에서만 제한적으로 사용되던 인터넷이 일반 회사와 가정에까지 보급되었어요. 또 1996년에는 데이콤이 일본, 홍콩, 호주 등을 거쳐 미국까지 총 8개국으로 연결망을 늘리자 해외 인터넷 접속이 한결 쉬워졌어요.

1998년부터는 두루넷이 케이블 TV를 통한 초고속인터넷 서비스를 시작하고, 하나로통신과 KT가 초고속 정보통신 서비스를 제공하면서 인터넷은 빠르게 퍼졌어요.

한국형 휴대형 초고속 인터넷 서비스, 와이브로

와이브로(WiBro)는 이동하면서도 초고속으로 무선 인터넷에 접속할 수 있는 '한국형 휴대 인터넷 서비스'예요. Wireless Broadband Internet의 줄임말이며, 무선 초고속 인터넷, 무선 광대역 인터넷이라고도 해요.

기존의 무선 인터넷은 싸고 빠르지만 실외나 이동 중에는 이용할 수 없었어요. 휴대 전화를 이용한 무선 인터넷은 이동성은 좋은데 요금이 비싸다는 단점이 있었고요. 와이브로는 이런 단점을 한꺼번에 해결했지요. 즉 와이브로를 이용하면 멈추었을 때에는 물론이고 걷거나 고속으로 달리는 차 안에서도 유선 인터넷 정도의 비용으로 초고속 인터넷 서비스를 즐길 수 있어요. 물론

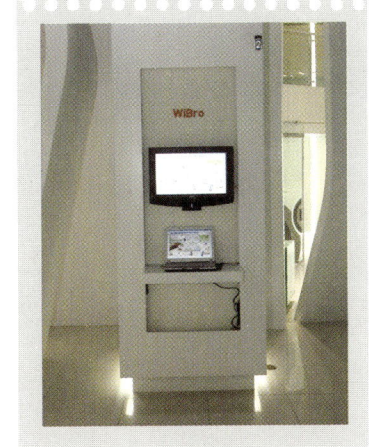

▲초고속 무선 인터넷 와이브로는 인터넷 전용선(유선)이 없어도 어디서든 인터넷을 이용할 수 있어서 편리해요.

이 서비스를 이용하려면 개인용 컴퓨터, 노트북 컴퓨터, PDA, 차량용 단말기 등의 휴대용 단말기가 있어야 하지요.

우리나라는 2006년 6월 30일부터 세계에서 처음으로 서울과 수도권 일부 지역에서 와이브로 서비스를 시작했어요.

인터넷으로 즐기는 여러 가지 통신

인터넷은 흔히 '정보의 바다'로 불려요. 세계 최대 규모의 통신망답게 인터넷을 통해 할 수 있는 것이 많기 때문이지요.

인터넷으로 할 수 있는 여러 가지 통신 서비스는 어떤 것이 있는지 알아볼까요?

- **전자 우편(e-mail)** 인터넷을 통해 전자 메시지 형태로 편지를 주고받는 것이에요. 문자, 그래픽 이미지, 음성 파일 등도 교환할 수 있어요.
- **원격 대화(채팅)** 인터넷만 연결돼 있으면 대화방에 접속해서 1:1 혹은 여러 사람과 동시에 의견을 교환하고 파일로 된 멀티미디어 정보 등도 주고받을 수 있어요.
- **뉴스 그룹** 일종의 전자 게시판으로, 인터넷 이용자가 올려놓은 메시지를 여러 다른 이용자가 동시에 볼 수 있어요.
- **파일 전송** 전 세계 인터넷에 연결된 데이터베이스에 저장된 프로

그램, 그림 파일, 문서 파일 등을 다운 받을 수 있는 기능이에요.

• **정보 검색** 인터넷에 접속하면 정부 기관과 학교, 기업, 정보 검색 사이트 등에서 다양한 정보와 자료를 찾아볼 수 있어요.

• **인터넷 전화, 화상통화** 인터넷 망을 통해 음성을 전송하는 인터넷 전화는 마이크와 스피커, 멀티미디어 기능을 갖춘 컴퓨터가 있어야 해요. 컴퓨터에 카메라만 부착하면 서로 얼굴을 보며 화상 통화도 할 수 있지요.

• **전자 상거래** 인터넷으로 여러 가지 온라인 상점에 접속해 필요한 상품 정보를 찾거나 구입할 수 있어요.

• **인터넷 뱅킹** 집에 앉아서도 인터넷으로 온라인 계좌를 이용해 은행 서비스를 이용할 수 있어요.

• **재택근무와 원격 학습** 집에 앉아서 회사나 학교, 학원 등의 홈페이지에 접속해 직장 동료들과 온라인 회의 등 업무를 처리하거나 수업을 받는 것이에요.

휴대 전화를 이용한 이동 통신

언제 어디에 있든 통한다!

우리나라에서는 현재 10명 가운데 8명 이상이 휴대 전화를 갖고 있어요. 자동차 전화인 카폰, 무선 호출기인 삐삐에 이어 나온 휴대 전화는 전화선 없이도 언제 어디서든 우리가 원하는 사람과 통화할 수 있는 시대를 열었어요. 더구나 이제는 휴대 전화로 세계 어느 곳에서나 음성, 데이터, 영상 등의 정보를 초고속으로 주고받을 수도 있어요.

아람이는 학교 수업을 마치고 교실을 나서자마자 휴대 전화의 전원을 켰어요. 아니나 다를까, 엄마가 보낸 문자 메시지가 도착해 있었어요.

'아람, 수업 잘했니? 오늘은 4시에 피아노 학원, 5시에 영어 학원 있는 거 알지? 영어 학원 끝나자마자 집에 오는 거 잊지 마셈. 엄마가 일찍 퇴근해 맛난 거 만들어 놓을게.'

아람이는 미소를 지으며 엄마에게 답장을 보냈어요.

아람이는 친구들과 재잘거리며 피아노 학원으로 가는 길이었어요. 마침 아람이가 좋아하는 어린이 프로그램을 하는 시간이라, 친구와 공원 나무 벤치에 앉아 휴대 전화로 잠시 TV 방송도 보았지요. 아람이의 휴대 전화는 TV를 볼 수 있거든요.

그런데 피아노 학원이 가까워질 무렵, 벨이 울리며 전화가 걸려왔어요. 휴대 전화 화면을 보니 발신자가 '아빠'였어요. 반가운 마음에 아람이는 얼른 휴대 전화의 폴더를 열었어요. 화면 가득히 털보 아빠의 얼굴이 보였어요.

"오, 아람아! 지금 어디니?"

"아, 아빠. 학교 끝나고 학원가는 길이에요. 아빠는요?"

"어, 아빠는 중국 베이징이야. 이제 두 밤만 자면 우리 아람이한테 가지. 아빠가 선물 한 아름 사 갖고 갈게!"

2주일 전 외국 출장을 떠난 아빠가 국제 전화를 걸어온 거예요. 아람이는 오랜만에 보고 듣는 아빠 얼굴과 목소리가 반가워, 아빠와 함께 한참이나 수다를 떨었어요.

엄마 아빠가 모두 직장에 다니기 때문에 초등학교 5학년인 아람이는 친구들보다 좀 빠르게 휴대 전화를 갖게 되었어요. 외동딸인 아람이가 어디서 무엇을 하고 있는지 엄마 아빠가 늘 걱정을 하기 때문이지요. 더구나 최근에는 어린이를 상대로 한 무서운 범죄가 많아진 탓에 아람이 친구들도 휴대 전화를 갖고 있는 경우가 많아졌어요.

휴대 전화 덕분에 아람이는 늘 엄마 아빠가 곁에 있는 것처럼

느껴져요. 언제 어디에 있든 휴대 전화로 문자를 보내거나 전화만 걸면, 엄마 아빠에게 곧바로 연결되기 때문이지요. 엄마 아빠 역시 예전보다 훨씬 더 안심이 된다고 해요. 더구나 요즘은 휴대 전화로 위치 추적까지 할 수 있어, 아람이와 통화가 안 될 때도 발을 동동거릴 필요가 없어졌지요.

아람이네처럼 이제 우리도 언제 어디서든 휴대 전화로 상대방과 이야기를 하고, 소식을 주고받을 수 있는 이동 통신 시대에 살고 있어요. 더구나 휴대 전화로 서로의 얼굴을 보면서 화상 전화까지 할 수 있으니, 정말 놀라운 세상이지요?

알렉산더 그레이엄 벨이 1876년에 전화를 발명한 뒤, 20세기 중반까지만 해도 전화는 전화선이 있는 곳에서만 사용할 수 있었어요. 그래서 전화벨이 울리면 다른 방이나 마당 같은 곳에 있다가도 전화선이 연결된 전화기 앞으로 달려가야만 했지요.

그 뒤 전화선에 연결돼 있지 않아도 쓸 수 있는 무선 전화기가 나왔어요. 하지만 그것 역시 본체인 유선 전화기에서 멀리 떨어지면 통화를 할 수 없었어요.

사람들은 점차 유선 전화의 한계를 느끼기 시작했어요. 그래서 '언제 어디에 있든 상대방에게 연락할 수 있는 방법은 없을까?' 하고 생각했어요. 그렇게 해서 나온 것이 이동 통신, 즉 고정된 곳이 아닌 움직이면서 상대방과 통신을 할 수 있는 시스템이에요.

이동 통신은 미국 디트로이트 경찰국이 처음으로 순찰차에 이동 무선 장치를 설치한 1921년부터 시작되었어요. 1940년대에는 미국의 모든 순찰차와 소방차에 교환대를 통해 상대방을 연결시켜 주는 차량 전화 시스템이 갖춰졌지요.

우리나라는 1984년에야 비로소 이동 통신이 시작되었어요. 한국이동통신(SK 텔레콤의 전신)이 서울과 수도권 주변 도시를 중심으로 자동차에서 전화 통화를 할 수 있는 '카폰', 즉 차량 전화 서비스를 시작하면서였지요. 사람이 직접 갖고 다닐 수 있는 휴대 전화 서비스는 1988년에 처음 선보였고요.

하지만 그때만 해도 휴대 전화는 매우 단순해서 통화 기능만 있었어요. 그리고 통화 연결이 잘 안 되고 통화 도중에 끊어지는 일도 많았어요. 이렇게 통화 품질이 안 좋은데도 휴대 전화 요금은 아주 비쌌지요.

그러다 1996년 1월에 인천과 경기도 부천 지역에서 세계 처음으로 CDMA 방식의 디지털 이동 전화 서비스가 시작됐어요. CDMA 방식은 우리 말로는 '공간분할다중접속방식'이라고 하는데 이전의 휴대 전화와는 달리 통화 품질이 매우 좋고 연결 속도도 매우 빨랐어요. 문자 메시지 서비스가 등장한 것도 이 CDMA 방식 덕분이었지요.

1999년부터는 휴대 전화를 무선 인터넷과 연결해 캐릭터와 벨소리를 다운받거나 은행 거래도 할 수 있게 되었어요. 또 뉴스와 증권, 날씨 정보도 볼 수 있었고요. 2000년대에 들어서면서 휴대 전화 화면이 컬러로 바뀌면서 영화, 뮤직 비디오, 음악 등의 동영상도 볼 수 있고, MMS(멀티미디어 메시지 서비스)로

1000자 정도의 긴 편지라든지 그림과 사진, 음악, 메일도 보낼 수 있게 되었지요.

그뿐이 아니에요. 휴대 전화로 은행 예금 계좌에 있는 돈을 확인하고 다른 계좌로 송금할 수도 있어요. 현금 인출 카드가 없어도 휴대 전화만으로도 자동 입출금기에서 돈을 빼거나, 지하철 등 교통 수단을 이용하는 데에도 이용할 수 있지요. 또 컴퓨터나 비디오 게임기로만 즐길 수 있던 온라인 게임도 휴대 전화로 다운받아 즐길 수 있고요.

▲최근의 휴대 전화는 여러 가지 편리한 기능을 갖추고 있어요.

지금은 휴대 전화로 지상파와 케이블 등 다양한 TV 프로그램을 실시간으로 볼 수 있어요. DMB(디지털 멀티미디어 방송) 서비스가 시작됐기 때문이지요.

우리나라에서는 이미 1999년에 이동 통신 가입자 수가 유선 전화 가입자를 넘어섰어요. 또 10명당 8명 꼴로 휴대 전화를 갖고 있다고 해요. 어린이에서부터 할머니, 할아버지에 이르기까지 정말 많은 사람이 휴대 전화를 비롯한 이동 통신을 이용하고 있지요.

통하면 통하는 통신 이야기

초창기 이동 통신, 카폰과 삐삐

이동 통신의 출발점이 된 카폰은 자동차 안에서만 사용할 수 있던 무선 전화였어요. 자동차에 무선 수신기와 안테나를 설치해 이동 중에도 카폰과 카폰, 혹은 카폰과 일반 전화 사이에 통화를 할 수 있게 한 것이었지요. 그러나 휴대 전화가 빠르게 보급되면서 카폰은 곧 사라지고 말았어요.

휴대 전화가 나오기 전인 1980년대와 1990년대에는 무선 호출기라는 것이 널리 쓰였어요. 영어로는 '페이저'나 '비퍼'라고 했는데 우리는 흔히 '삐삐'라고 불렀지요. 호출하는 사람이 전화 번호나 음성 등 메시지를 보내면 '삑삑' 하는 신호음이 울렸기 때문이에요. 물론 요즘 휴대 전화처럼 진동으로 돌려놓을 수도 있었지요. 무선 호출기에는 수신기 능만 있고 메시지를 보내는 송신 기능이 없었어요. 그래서 휴대 전화가 나오면서 무선 호출기 사용자 수가 점점 줄어들었지요.

▲무선 호출기

통신 위성을 이용한 위성 통신

오늘날 우리는 다른 나라에서 벌어지는 올림픽 등의 여러 운동 경기를 현지와 같은 시간에 TV 생중계를 통해 볼 수 있어요. 또 외국에 있는 친지들과 생생한 목소리로 국제 전화도 할 수 있어요. 이런 일은 모두 통신 위성이 있기 때문에

▲통신 위성

가능한 일이랍니다. 이처럼 통신 위성을 이용한 통신을 위성 통신이라고 해요.

위성 통신은 우주 공간에 쏘아 올린 인공위성으로 하여금 통신을 중계하게 하는 통신 방법이에요. 즉 인공위성에 설치한 무선국을 매개로 해, 지구의 한 지점에서 다른 지점으로 통신에 필요한 TV 신호나 음성 신호 등의 각종 데이터를 전달하는 것이지요.

인공위성 중에는 지구의 자전 시간과 같은 속도로 지구를 돌지만 지구에서 보기에는 마치 지구 궤도 위에 정지해 있는 것처럼 보이는 정지 위성이 있어요. 위성 통신은 주로 이 정지 위성을 이용하지요.

위성 통신은 1962년에 미국이 통신 위성인 텔스타 1호를 쏘아 올려 전화와 TV 통신에 이용하면서 처음으로 시작되었어요. 그 뒤로 미국이 1964년에 쏘아 올린 '신콤 2호'를 통해 도쿄 올림픽을 생중계한 뒤로 위성 통신이 본격화되었어요.

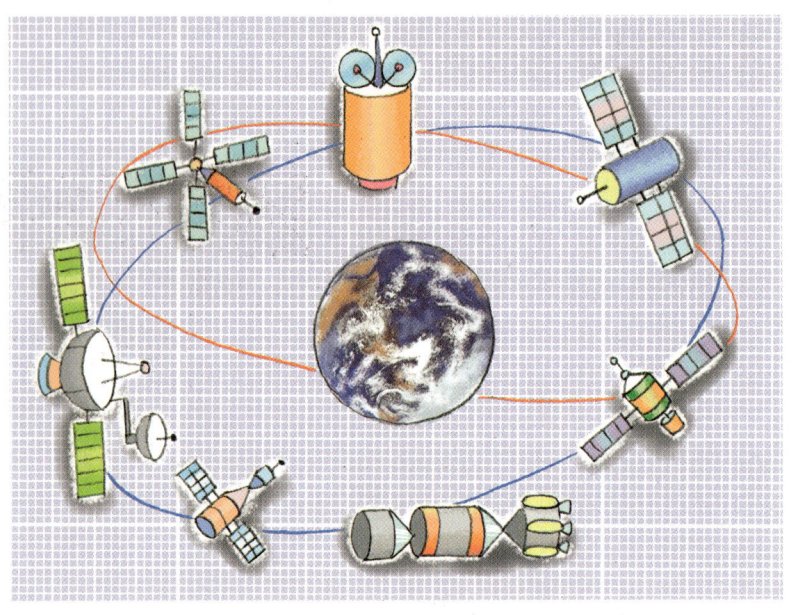

　위성 통신의 장점은 한꺼번에 넓은 지역에서 고속으로 통신을 할 수 있다는 거예요. 또 지형에 관계없이 고른 통신이 가능하고 재해가 일어나도 통신의 제약을 받지 않아요.
　우리나라에서도 통신 방송용으로 활용하기 위해 1995년에 우리나라 최초의 위성인 무궁화 1호를 쏘아 올렸지요. 그 이후 무궁화 2호, 3호에 이어, 2006년에는 무궁화 5호 위성을 쏘아 올렸답니다.

유비쿼터스 시대
사람과 사물이 통하는 세상

지금은 사람과 사람, 컴퓨터와 컴퓨터끼리만 통신을 하지만 앞으로는 사람과 사물, 사물과 사물이 서로 통신할 수 있는 시대가 열릴 거예요. 바로 '유비쿼터스 시대'가 다가오는 거지요. 유비쿼터스 시대에는 언제, 어디서, 무엇이나, 누구라도 컴퓨터 네트워크에 간단히 연결할 수 있는 '어디에나 네트워크' 세상이랍니다.

미래는 학교에서 나와 터덜터덜 집으로 가고 있어요. 오늘따라 기분이 좋지 않아요. 수업 시간에 짝꿍이 장난을 거는 바람에 함께 맞장구를 치다가 선생님께 야단을 맞았거든요.

날씨는 더운데 체육 시간 내내 달리기며 넓이 뛰기, 줄넘기를 한 탓에 몸도 노곤하기만 해요. 미래는 그저 어서 집에 가서 쉬고 싶을 뿐이에요.

어느새 아파트에 다다랐어요. 미래가 아파트 문 앞에 서자, 저절로 스르르 문이 열려요. 문 한가운데 있는 얼굴 인식 장치가 미래를 알아본 거지요.

집 안으로 들어서니 말하는 장미 로봇 로히니가 미래를 반겨

주어요. 엄마 아빠는 아직 직장에 있을 시간이고, 동생 유비는 아직 유치원에서 돌아오지 않았어요.

"안녕, 로히니!"

"어? 미래. 오늘은 왜 그리 힘이 없어?"

미래가 말을 걸자 로히니는 대번에 미래의 기분을 알아채요. 로히니는 사람과 대화하고 감정도 표현할 수 있는 지능형 로봇이에요. 몸이 장미꽃 모양인데, 꽃과 줄기에 모니터가 달려 있어요.

로히니 안에 있는 지능형 정보 입출력 장치에는 미래네 가족들의 모든 개인 정보와 미래네 집의 가전제품, 가구, 사물들의 디지털 정보가 입력돼 있어요. 그래서 가족들이 갖고 있는 RFID 태그를 모니터로 읽어 내 상대방의 상태와 환경을 파악하고는 거기에 맞게 스스로 반응할 수 있는 거예요.

로히니는 그 밖에도 집에 있는 갖가지 가전제품, 가구, 사물들과도 디지털 네트워크로 연결돼 있어 그 하나하나에 정보를 전달하고 제어할 수 있는 통신 능력도 갖고 있지요.

로히니는 똘똘한 로봇답게 거실 전등과 오디오를 조정해서 전등을 환하게 밝히고, 미래가 좋아하는 음악까지 틀어 주지요. 그리고 거

> **RFID 태그** 사물을 인식하고 그 정보를 컴퓨터로 처리할 수 있도록 각 사물이나 공간에 붙이는 표지야. 바코드보다 좀 더 발전한 형태인데 무선으로 사물의 정보를 읽어 내지. 또 바코드는 개별 사물의 정보를 하나씩 읽어 내지만, RFID 태그는 수십 개의 사물을 한꺼번에 읽어 낼 수 있어.

실의 디지털 벽과 인공 지능 창문을 멋진 바닷가 풍경으로 바꾸어 주고요.

"TV를 보고 싶어."

미래가 말하자, 한쪽 벽을 차지하고 있던 지능형 TV가 저절로 켜지면서 만화 영화 채널이 자동으로 화면에 나왔어요. 미래는 금세 기분이 좋아진 듯했어요. 그런데 왠지 몸이 찌뿌드드했어요.

'체육을 해서 온몸이 먼지투성이야. 목욕을 좀 해야겠는걸.'

미래는 욕실로 가서 욕조의 물을 틀었어요. 그러자 욕조는 미래의 몸 상태에 맞는 온도의 따뜻한 물을 채워 주었어요.

목욕을 하고 나오자 음악 숙제 생각이 났어요. 미래는 서재로 들어가 펀 데스크에 앉았어요. 펀 데스크는 미래가 몸이 아파 학교에 못 갈 때 원격 학습을 받거나, 엄마 아빠가 재택근무를 하는 날 회사와 연결해 쓰는 특수 책상이에요. 미래가 **터치스크린**의 학습 메뉴를 누르자, 앞쪽 모니터에 입체 그래픽이 나타나며 숙제 고민을 해결해 주네요.

숙제를 마치고 나니 저절로 졸음이 쏟아졌어요. 피곤한 터에 샤워를 해서 그런가 봐요.

미래는 자기 방에 들어가 침대에 누웠어요. 그러자 저절로 창의 블라인드가 닫히면서 낮잠 자기에 알맞게 빛을 줄여 주었어요. 미래는 어느새 곤한 잠에 빠졌지요.

> **터치스크린** 키보드와 마우스 같은 장치를 이용하지 않고, 화면에 표시된 문자나 도형을 손가락이나 특수 펜으로 건드려 입력하는 장치를 말해.

하지만 엄마 아빠가 돌아오기 전에 미래는 일어날 수 있어요. 미리 정해 놓은 시간에 맞춰 방에 저절로 불이 켜지고 은은한 기상 음악도 울려 퍼질 테니까요.

마치 공상 과학 영화 속에 나오는 이야기 같지요? 하지만 이런 시대가 벌써 우리 눈앞에 다가오고 있어요. 이 중에는 이미 우리 생활 속에서 실현되고 있는 것도 있고요. 바로 사람과 사물이 서로 통하는 유비쿼터스 시대가 오고 있는 거예요.

유비쿼터스(Ubiquitous)란 물이나 공기처럼 '언제 어디에나 존재한다', '어느 곳에나 널리 퍼져 있다'라는 뜻의 라틴어예요. 공간과 사물 모두가 컴퓨터와 네트워크로 자연스럽게 연결돼 있는 것을 의미하지요.

우리말로 한다면 '언제 어디서나 컴퓨터', '언제 어디서나 네트워크' 이렇게 풀이할 수 있어요.

유비쿼터스 시대에는 언제, 어디서, 무엇이나, 누구라도 네트워크에 간단히 연결될 수 있는 '어디에나 네트워크'가 실현돼요. 그래서 인간의 상태를 판단할 수 있는 지능형 로봇도 등장하고, TV나 냉장고 같은 가전기기는 물론이고 책상이나 침대 등의 가구, 심지어 아파트 문, 거울, 변기, 옷, 시계, 벽지, 창문 같은 작은 사물에 이르기까지 컴퓨터 시스템이 내장돼 지능을 갖추게 되어요. 이렇게 지능을 갖춘 사물들은 무선 인식(RFID)으로 인간과 연결돼 사용자가 원하는 정보나 맞춤 서비스를 즉시 제공하게 되지요.

지금은 초고속 정보 통신망을 매개로 사람과 사람, 컴퓨터와

컴퓨터끼리만 통신을 하잖아요. 그러나 유비쿼터스 시대에는 크기는 작아지고 성능은 더욱 좋아진 갖가지 유형의 컴퓨터들이 사물 곳곳에 숨어 있어 통신의 대상이 사람과 사물과 환경, 사물과 사물 사이로까지 넓혀지게 돼요. 그러니까 우리 인간과 연관돼 있고, 우리가 관심을 갖는 모든 것들과 소통하는 만물 정보 통신의 시대가 열리는 거예요.

통하면 통하는 통신 이야기

유비쿼터스 학교

유비쿼터스 시대에는 학교 교육도 최첨단으로 이루어져요.

먼저 학생이 학교에 도착하면 학생의 옷에 부착된 RFID 태그를 인식하고 학부모의 휴대 전화로 '유미래, 8시 학교 도착' 하고 문자 메시지를 보내지요.

또 학생들은 등교할 때 무거운 책가방 대신 노트북 컴퓨터나 PDA 같은 휴대용 단말기만 갖고 가지요. 어디서나 무선 인터넷 접속이 가능해 교과서나 학습 자료를 단말기로 볼 수 있으니까요.

수업 시간에는 전자 칠판을 보며 수업을 해요. 전자 칠판에는 수업 내용이 자동으로 저장되지요. 그래서 학생들은 집에 가서 원격 책상에 앉아 학교 홈페이지에 접속하면 수업 내용을 고스란히 다시 보고 들을 수 있어요. 다음 날 준비물도 홈페이지 알림장을 통해 볼 수 있지요.

유비쿼터스 학교에는 첨단 무인 감시 카메라가 곳곳에 설치돼, 학교 폭력 같은 문제도 예방할 수 있어요. 학교 곳곳의 전기, 통신, 소방 시설들이 네트워크로 연결돼 있기 때문에 교내에서 벌어지는 상황을 살펴보고 조정할 수 있거든요.

'유비쿼터스'와 마크 와이저

'유비쿼터스'란 말은 미국 제록스 팰러앨토 연구소의 연구원이었던 마크 와이저(1952~1999년)가 처음으로 쓴 말이에요. 마크 와이저는 "네트워크를 토대로 한 유비쿼터스 컴퓨팅이 앞으로 제 3의 정보 혁명 물결을 이끌 것이다. 그래서 머지않아 모든 집에 수백 대의 컴퓨터가 숨어 있고, 이들이 유무선 네트워크로 하나로 연결되는 시대가 올 것이다."라고 이야기했어요.

마크 와이저는 '미래의 컴퓨터는 어떤 컴퓨터가 되어야 할까?' 하는 생각에서 출발해 좀 더 사용하기 쉬운 컴퓨터에 대해 연구했어요. 그러다가 우리가 무의식적으로 공기를 마시고 물과 전기를 이용하는 것처럼, 있는지도 모르게 쉽고 편안하게 컴퓨터를 쓸 수 있는 시대가 올 것이란 예측을 한 거예요. 또 그렇게 컴퓨터를 사용하는 것을 '유비쿼터스 컴퓨팅'이라 이름 붙였지요.

그래서 와이저는 초창기의 메인 프레임 컴퓨터(여러 이용자가 한 대의 컴퓨터를 사용하는 것), 두 번째 단계인 PC(한 사람이 한 대의 컴퓨터를 사용하는 것)의 세계를 지나 앞으로는 유비쿼터스 컴퓨터(한 사람이 수많은 컴퓨터를 사용하는 것) 단계로 옮겨갈 것이라고 내다보았어요.

특히 유비쿼터스 시대의 컴퓨터는 다루기 쉽고 편리해 생활의 일부가 되는 컴퓨터라야 한다고 했어요. 크기는 더 작아지고 디자인은 더 자연스러워진 컴퓨터들이 따로따로 존재하지 않고 환경과 사물 속에 서로 연결된 채 숨어 있어야 한다는 것이지요.

01 고대 통신에서 비롯된 마라톤

육상 경기의 한 종목인 마라톤은 고대 통신에서 비롯되었단다. 마라톤은 그리스 아테네에서 북동쪽으로 약 40km떨어진 곳에 있는 지역의 이름이야. 기원전 490년 페르시아 군대가 아테네를 침공하자, 그리스 군대는 마라톤에서 페르시아 군대를 크게 물리쳤어. 그러자 승리의 소식을 가지고 페이디피데스라는 병사가 아테네 성을 향해 약 42km를 숨차게 달려갔지. 그 병사는 아테네 성문에 도착해 "우리 군대가 이겼다!"라고 외치곤 그만 그 자리에서 숨을 거두고 말았어.

그 뒤 1896년 아테네에서 제1회 근대 올림픽 대회가 열렸어. 그때 이 병사의 위업을 기리기 위해 육상 종목을 채택하고 마라톤이란 이름을 붙인 거야. 마라톤 거리도 페이디피데스가 달린 거리와 비슷한 42.195km란다.

02 통신의 3요소 - 발신자, 메시지, 수신자

'통신'이란 거리가 떨어져 있는 두 지점에 있는 사람들이 어떤 메시지, 즉 소식이나 정보를 주고받는 것을 뜻해. 이때 메시지를 보내는 사람을 발신자라고 하고, 메시지를 받는 사람을 수신자라고 해. 그래서 발신자, 메시지, 수신자를 통신의 3요소라고 하지.

발신자와 수신자가 메시지를 효과적으로 주고받으려면 둘 사이를 잘 이어주는 통신 수단이 있어야 해. 말, 몸짓, 문자 등 기초적인 것들은 물론이고 우리가 이 책에서 다루는 횃불과 연기, 파발마나 비둘기, 텔레그래프, 전신, 전화, 편지, TV, 인터넷, 이동 전화, 전자 우편 등을 통신 수단이라고 하지.

03 우리나라의 우역 제도

우역은 사람이 직접 가서 편지나 공문서를 전하는 거야. 오늘날 우편 제도의 기원이지. 여기서 '우(郵)'란 걸어가서 전하는 것이고, '역(驛)'은 말을 타고 가서 전하는 것이야. 우리나라에서는 신라 시대부터 우역 제도를 실시했는데 중앙과 지방을 잇는 통신 수단 역할을 톡톡히 했단다.

고려 시대에 이어 조선 시대에는 우역 제도가 크게 발달했어. 중앙에서 각 지방에 이르는 큰길가에 30리마다 역참을 설치했거든. 역참은 나라의 명령과 공문서, 긴급한 군사 정보를 전달하고 외국 사신을 맞이하는 곳이자 물자 전송을 담당하는 기관이기도 했어. 《경국대전》의 기록에 따르면 전국적으로 543개의 역참이 있었다고 해. 그러나 통신과 교통 수단 역할을 했던 우역 제도는 1895년이 되면서 없어지고 말았어.

04 군사용 통신 수단-용고, 징, 꽹과리, 나발, 대금 등

예로부터 전쟁터에서는 장군이 병사를 빠르게 통솔하기 위한 특별한 통신 수단이 필요했어. 그래서 크고 요란한 소리를 내는 북, 징, 꽹과리, 나발, 대금 등 악기가 군사 통신 수단으로 많이 쓰였지.

이 가운데서도 북과 징이 많이 쓰였어. 북은 전진을 뜻하고, 징은 후퇴를 의미했어. "둥 둥 둥~" 하고 북소리가 울리면 군대가 앞으로 나아가고, "징 징 징~," 징이 울리면 뒤로 후퇴했지. 옛날 우리나라에서도 '용고'라고 하여 북통에 용이 그려진 북을 군대 통신용으로 썼단다.

▶북통에 용이 그려진 용고(위)와 징(아래). 전쟁터에서 북소리는 앞으로 전진하라는 뜻이었어요. 또 징이 울리면 뒤로 후퇴하라는 뜻이었지요.

여러 가지 우편 제도

01 미국의 조랑말 속달 우편, '포니 익스프레스'

1860년, 미국에는 '포니 익스프레스(Pony Express)', 우리말로 치면 '조랑말 속달 우편'이라는 통신 수단이 있었어. 사람이 조랑말을 타고 바람처럼 달려가 편지를 배달하는 특급 우편이었지.

미국은 땅이 넓어 그 시대에는 동부 지역에서 출발한 편지가 서부에 닿으려면 무척 오래 걸렸어. 그래서 여러 명의 기수가 이어달리기 식으로 조랑말을 갈아타고 먼 거리를 달려가 우편물을 전하는 포니 익스프레스가 나오게 된 거야. 그런데 작은 조랑말을 타고 빨리 달리려면 사람의 몸무게가 많이 나가면 안 되었어. 그래서 포니 익스프레스 기수들은 대부분 청소년들이었다고 해. 조랑말 특급 우편은 매우 비쌌지만 사람들에게 인기는 아주 많았어.

포니 익스프레스는 전신에 의한 통신 시스템이 마련되면서 얼마 안 가 자취를 감췄어. 하지만 미국인의 서부 개척 정신을 상징하는 것으로 곧잘 이야기되곤 하지.

지금도 미국 애리조나 주에서는 해마다 1월에 축제를 열고, 포니 익스프레스의 전통을 잇고 있어. 카우보이 복장을 한 20명의 기수가 교대로 말을 타고 다니며 애리조나 주 홀브룩에서 스콧데일까지 속달 편지 2만 통을 배달하는 거야. 이 우편 제도를 이용해 편지를 부치려면 겉봉투에 '포니 익스프레스 편으로'라고 적어 축제 전에 홀브룩 우체국으로 보내야 해.

◀조랑말을 타고 우편물을 전한 포니 익스프레스

02 세계 최초의 엽서

엽서는 전하려는 소식을 엽서에 간단하게 써서 보내는 간편한 우편 제도야. 종이가 귀했던 시대에 종이를 절약하기 위해 만들어졌는데, 1869년에 오스트리아와 헝가리에서 최초로 사용했어.

우리나라에서는 1900년 5월 10일에 처음으로 1전짜리 엽서인 '1전 엽서'를 선보였지.

1900. 5. 10 농상공부 엽서   1901. 2. 1 만국우편연합 엽서   1903. 10. 1 만국우체연합 엽서   1903. 10. 1 프랑스정부인쇄 엽서

▲1900년에 발행된 우리나라의 첫 우편 엽서인 '1전 엽서'들

03 우표 한 장 때문에 전쟁이?

우표 한 장 때문에 전쟁이 일어났던 걸 알고 있니?

1932년, 남아메리카의 파라과이와 볼리비아 사이에서 이른바 '우표 전쟁'이 일어났어. 두 나라는 국경에 있는 그란차코 지방을 서로 자기네 영토라고 주장하고 있었지. 그런데 파라과이가 그

▲1954년 9월에 발행한 독도 우표

란차코 지방을 그린 지도 우표를 발행한 거야. 그러자 볼리비아는 화가 나서 전쟁을 일으켰고, 자신들도 그란차코 지방을 그린 우표를 24종류나 발행했어. 전쟁이 끝나자 그란차코는 결국 파라과이 영토로 넘어갔지.

우리나라 역시 우표로 영토 문제를 다룬 적이 있어. 1954년 9월에 독도를 그려 넣은 3가지 종류의 우표를 발행 했는데 이 우표는 다른 나라에까지 널리 퍼져 '독도는 한국 땅'이라는 것을 알리는 데 큰 역할을 했단다.

전화기의 발명과 원리

01 에디슨의 탄소 전화기

알렉산더 그레이엄 벨이 처음에 만든 전화기는 송화기(목소리를 내보내는 부분)에 나팔을 단 것이었어. 상대방이 목소리를 좀 더 크게 들을 수 있게 하려고 말이야. 그런데도 소리가 너무 작게 들려 실용성이 떨어졌어.

그러자 미국의 발명가 토머스 에디슨(1847~1931년)은 1878년 송화기 속에 탄소(석탄과 다이아몬드, 흑연을 만드는 화학 성분) 가루를 채워 소리를 더 크고 더 깨끗하게 전달하는 전화기를 만들었어.

02 전화의 원리

전화의 원리는 두 개의 종이통에 실을 연결한 실 전화기를 생각해 보면 아주 쉬워. 사람의 목소리에는 물결치듯 퍼져 나가는 음파라는 것이 있어. 실 전화기는 이 음파를 실의 진동으로 전하거든. 이에 비해 전화는 진동을 전기 신호로 바꾸어 전달하는 것이지. 그래서 음성을 전류로 바꾸고, 다시 전류를 음성으로 바꾸는 거야.

03 세계 최초의 전화기 발명자, 안토니오 메우치

얼마 전까지만 해도 세계에서 처음으로 전화기를 발명한 사람은 알렉산더 그레이엄 벨로 알려져 있었어. 하지만 정확하게 말하면 벨은 전화기에 대한 특허권을 가장 먼저 따내 전화기를 널리 보급한 사람이야. 벨 이전에도 몇 사람이 전화기를 만들었고 실제로 사용하기도 했거든.

이탈리아 출신의 미국인인 안토니오 메우치(1808~1889년)는 1860년 세계 최초로 전화기를 만들어 냈어. 몸이 마비된 아내를 위해 자신의 작업실과 연결하는 전화기를 만들었어. 하지만 메우치는 너무 가난해서 특허를 신청하는 데 필요한 돈을 마련할 수 없었지. 그래서 1871년 임시 특허를

신청하고 후원자를 찾았지만, 결국 실패하고 특허권을 날리고 말았어.

　독일의 필립 라이스(1834~1874년)도 1861년 전화기를 만들었어. 하지만 그는 독일 물리학회에서 전화기의 가능성을 인정하지 않자 거기에서 더 발전하지 못했어.

　미국의 엘리사 그레이는 벨과 거의 비슷한 시기에 전화기를 만들었어. 그러나 벨이 2시간 먼저 특허권을 신청한 바람에, 그레이는 전화기를 만들어 팔 수 있는 권리를 얻지 못했어.

　한편 메우치는 소송을 제기해 벨에게 빼앗긴 전화기 특허권을 되찾으려 했어. 하지만 승소를 눈앞에 두고 갑자기 죽는 바람에 뜻을 이루지 못했지. 벨은 그레이로부터 기술을 가로챘다는 소송을 당하기도 했어.

　그런데 2002년 미국 하원은 전화기의 발명가는 벨이 아니라 안토니오 메우치라는 사실을 표결을 통해 공식적으로 인정했어. 그 이듬해 이탈리아는 자기 나라 출신인 메우치를 세계 최초의 전화기 발명자로 널리 알리기 위해 메우치의 모습이 담긴 우표를 발행하고 기념 행사를 하기도 했지.

▲안토니오 메우치의 모습이 담긴 이탈리아 기념 우표

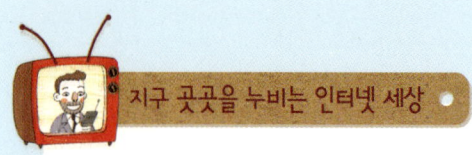 지구 곳곳을 누비는 인터넷 세상

01 세상을 엮는 그물, 웹

인터넷에 흩어져 있는 다양한 정보를 누구나 쉽게 찾아볼 수 있게 한 것을 '월드와이드웹(World Wide Web)'이라 부르며, 이를 줄여서 'www' 혹은 '웹'이라고 해. 1991년, 스위스의 제네바에 있는 유럽입자물리연구소(CERN)의 팀 버너스 리(1955~)가 개발한 것이지.

웹은 '세계 규모의 거미집' 또는 '거미집 모양의 망'이라는 뜻이야. 문자, 그림, 음성, 동영상 등이 조합된 인터넷 사이트의 정보를 쉽게 찾아볼 수 있게 하고, 또 간편하게 정보를 전송할 수 있게 한 소프트웨어 프로그램이지.

예를 들어 현재 열려 있는 하이퍼텍스트(문자, 그래픽, 음성, 동영상 등을 거미집 같이 서로 연결시켜, 제목의 제시 순서에 관계없이 이용자가 어떤 제목과 관련된 정보를 검색할 수 있도록 하는 정보 제공 방법)에서 어떤 단어나 문장을 클릭하면 이와 연결돼 있는 다른 쪽, 즉 하이퍼텍스트를 볼 수 있어.

이처럼 인터넷에서 전 세계의 하이퍼텍스트가 연결된 모습이 마치 거미가 집을 지은 것처럼 보이기 때문에 월드와이드웹(www)이라는 이름이 붙여졌어. 웹 덕분에 인터넷 사용이 쉽고도 편리해져 인터넷 인구가 폭발적으로 늘게 되었지.

02 인터넷 세상이 만들어낸 문자, 이모티콘

이모티콘은 사이버 공간에서 자신의 감정이나 생각을 전달할 때 쓰는 특수한 언어를 뜻해. 영어 'Emotion(감정)'과 'Icon(컴퓨터에 제공하는 명령을 문자나 그림으로 나타낸 것)'이 합쳐져서 만들어진 말인데, 처음 유행한 이모티콘은 웃는 모습이었기 때문에 '스마일리'라고 불리기도 하지.

이모티콘은 컴퓨터 자판의 문자, 기호, 숫자 등을 적절히 조합해 만드는데 사람의 얼굴 표정, 인물, 동물에 이르기까지 여러 가지 모양이란다.

03 언제 어디서나 무선 인터넷을

이제 컴퓨터 앞에 가만히 앉아 인터넷을 하는 시대는 지났어. 언제 어디서나 빠르게 인터넷에 접속할 수 있으니까 말이야.

그것은 전화선이나 전선을 이용한 유선 인터넷이 아니라 선이 필요 없는 무선 인터넷이 가능해졌기 때문이야. 유선 인터넷은 장소와 이동에 많은 제약을 받아 불편한 점이 많아. 하지만 무선 인터넷은 무선 통신망이 갖춰진 곳이라면 어디서든 사용할 수 있으니까 아주 편리하지.

물론 무선 인터넷을 하려면 노트북 컴퓨터나 PDA(휴대용 개인 단말기), 휴대 전화 등의 무선 단말기가 꼭 있어야 해.

첨단 통신의 세계

01 CDMA 방식이란?

1989년 11월, 세계적인 정보통신회사인 퀄컴사가 미국 샌디에이고에서 처음으로 CDMA 방식의 통화에 성공했어. 우리나라에서는 퀄컴사와 기술 제휴를 해서 1993년 세계에서 처음으로 상용화에 성공했지.

CDMA 방식은 우리말로는 공간분할다중접속 방식이라고 해. 원래 군사 통신에서 상대방이 전파를 방해하거나 도청을 하는 것을 방지하기 위해 사용하던 방식을 휴대 전화에 응용해 개발한 거야.

사람이 많이 모여 있는 곳에 갔다고 생각해 봐. 주위 사람들이 시끄럽게 이야기하고 있어도, 우리는 거기에 방해받지 않고 마주앉아 있는 상대방하고 대화를 나눌 수 있잖아. CDMA 방식은 바로 그 원리를 이용한 거야.

즉 여러 가입자가 동시에 같은 주파수를 사용해 통화를 하더라도, 가입자별로 다른 코드를 나누어 주기 때문에 자기와 연결된 상대방하고만 통화할 수 있는 시스템이지. CDMA 방식은 기존의 TDMA(시간분할다중접속) 방식과는 달리 통화할 때의 소리가 일반 유선 전화처럼 선명해. 또 배터리 사용 시간이 길고, 통화 도중에 끊어지거나 혼선이 되지 않는 등 여러 가지 장점이 있어.

02 손 안의 TV, DMB

DMB는 Digital Multimedia Broadcasting의 머리글자를 딴 말로, 디지털 멀티미디어 방송을 뜻해.

DMB는 이동 통신과 방송이 결합된 새로운 방송 서비스야. 고정된 장소에서는 물론이고 고속으로 이동하는 자동차 안에서도 휴대 전화나 PDA를 이용해 화질과 음질이 좋은 다채널 멀티미디어 방송을 시청할 수 있지. 저장해 둔 동영상을 원할 때마다 볼 수도 있어. DMB를 이용하려면 차량에 전용 수신기를 달거나 DMB 수신 기능을 갖춘 휴대 전화, PDA 등이 있어야 해.

03 PDA를 누른 휴대 전화

PDA는 Personal Digital Assistant의 첫 글자를 딴 말이야. 우리말로 풀어 쓰면 휴대용 소형 단말기, 개인 정보 단말기라고 하지.

PDA는 손바닥 만해서 갖고 다니기 편리해. 또 버튼이나 키보드 등을 누르는 대신 화면을 터치하면 되고, 컴퓨터와 자료 교환이 되는 초소형 컴퓨터야. PDA는 처음엔 계산이나 일정 관리 등 전자수첩의 기능을 주로 갖고 있었어. 또 집이나 사무실에서 컴퓨터로 작성한 문서 파일을 저장해 두었다가 이동하면서도 계속 작업할 수 있었지. 그래서 처음 선보일 때는 미래형 정보 기기로 큰 주목을 받았어. 하지만 사람들은 여전히 전자수첩을 많이 썼고 PDA는 생각했던 것만큼 잘 팔리지 않았어.

그러는 사이 휴대 전화는 눈부신 발전을 했어. 주소록 기능은 물론이고, 약속한 날짜를 저장해 두면 미리 알람을 울려 주기도 하지. 그리고 메모, 카메라, MP3, DMB, 교통카드 등 수많은 기능을 갖추고 있어. 이제는 PDA처럼 터치 기능을 가진 PDA 폰까지 나오게 되었지. 시간이 흐를수록 휴대 전화는 진보한 반면, PDA는 휴대 전화에 밀린 형편이 되었지.

04 꿈의 도시, 유비쿼터스 시티

유비쿼터스 시티란 말 그대로 도시 전체를 유비쿼터스로 설계한 것을 말해. 언제 어디서나 원하는 정보를 얻고, 도시 전체가 하나의 최첨단 정보 통신 기술의 네트워크로 연결된 곳이지.

유비쿼터스 시티는 도시 전체의 교통, 방범, 환경, 방재, 의료, 지역 정보 등이 도시통합 관제센터를 통해 통합적으로 관리된단다. 그래서 시민들은 이 센터에 입력된 모든 정보를 개인의 휴대 장치나 각 시설에 설치된 유무선 시스템을 통해 실시간으로 이용할 수 있지. 물론 각 가정, 공공기관, 상점, 병원 등에도 저마다 유비쿼터스 기능이 갖춰져 있어.

이 책을 쓰는 데 참고한 책과 인터넷 사이트

김영석 지음, 《디지털 미디어와 사회》, 나남출판, 2003
김종래 지음, 《밀레니엄맨, 칭기스칸》, 꿈엔들, 2005
김종래 지음, 《CEO 칭기스칸》, 삼성경제연구소, 2006
김태수 지음, 《꽃 가치 피어 매혹케 하라》, 황소자리, 2005
노형석 지음, 《모던의 유혹, 모던의 눈물》, 생각의 나무, 2004
데이브 목 지음, 박정태 옮김, 《열정이 있는 지식기업, 퀄컴 이야기》, 굿모닝북스, 2007
로빈 브라운 지음, 최소영 옮김, 《마르코폴로의 동방견문록》, 이른아침, 2006
릭 바이어 지음, 채희석 옮김, 《서프라이즈 세계사 100》, 한숲, 2004
박성래 지음, 《친절한 과학사》, 문예춘추, 2007
박익수 지음, 《위대한 발명, 발견》, 전파과학사, 1999
박천홍 지음, 《매혹의 질주, 근대의 횡단》, 산처럼, 2002
베른트 슈 지음, 이온화 옮김, 《클라시커 50 발명》, 해냄, 2004
벤 아이켄슨 지음, 전광수 옮김, 《PATENTS》, 미래사, 2005
서울대 자연대 교수 외 지음, 최재천·홍성욱 엮음, 《과학, 그 위대한 호기심》, 궁리, 2002
손영운 지음, 《청소년을 위한 서양과학사》, 두리미디어, 2005
손용 지음, 《디지털 네트워크 시대의 텔레커뮤니케이션》, 한울아카데미, 2003
송위진 지음, 《한국의 이동통신, 추격에서 선도의 시대로》, 삼성경제연구소, 2005
신현식 지음, 《재미있는 정보통신 이야기》, 광문각, 2000
야마다 히로타키 지음, 이면우 옮김, 《천재과학자들의 숨겨진 이야기》, 사람과 책, 2002
에릭뉴트 지음, 이민용 옮김, 《과학의 역사 2》, 끌리오, 1999
오귀환 지음, 《체 게바라, 인간의 존엄을 묻다》, 한겨레출판, 2005
외르크 마이덴바우어 엮음, 정명진 옮김, 《놀랍다, 과학의 발견과 발명 4·6·7·9·10》, 생각의 나무, 2006
이기열 지음, 《소리없는 혁명》, 전자신문사, 1995
이기열 지음, 《정보통신 역사기행》, 북스토리, 2006
이내수 지음, 《이야기 방송사》, 씨앗을 뿌리는 사람, 2001
이문호 지음, 《뿌리 찾는 정보통신 이야기》, 김영사, 1994
이범경 지음, 《한국방송사》, 범우사, 1994
이인식 외 14인 지음, 《과학이 세계관을 바꾼다》, 푸른나무, 2002
이인식 외 지음, 《세계사를 바꾼 20가지 공학 기술》, 생각의 나무, 2004
이종탁 지음, 《우체국 이야기》, 황소자리, 2008
임경순 지음, 《21세기 과학의 쟁점》, 사이언스 북스, 2000
제이닌 스콧 지음, 《세상을 담은 존 로지》, 삼성당, 2006
G.I.브라운 지음, 이충호 엮음, 《발명의 역사》, 세종서적, 2000
진용옥 지음, 《봉화에서 텔레파시 통신까지》, 지성사, 1997

천팅 리 지음, 이주연 옮김, 《중학생이 꼭 알아야 할 39인의 과학자》, 나라원, 2006
캐서린 클렌 지음, 박진주 옮김, 《천재들의 과학노트》, 일출봉, 2007
톰 스탠디지 지음, 조용철 옮김, 《19세기 인터넷 텔레그래프 이야기》, 한울, 2001
피에르 제르마 지음, 김혜경 옮김, 《세계의 최초들 2》, 하늘연못, 2000
하가림 지음, 《20인의 부자 이야기》, 거인, 2006
하원규, 연승준, 박상현 지음, 《처음 읽는 미래과학교과서 1》, 김영사, 2006
한국방송학회 편, 《세계방송의 역사》, 나남, 1992
한스 요아힘 브라운 지음, 김현정 옮김, 《세계를 바꾼 가장 위대한 101가지 발명품》, 플래닛미디어, 2006
한스 크리스천 폰 베이어 지음, 전대호 옮김, 《Information》, 승산, 2007
홍준의 · 최후남 · 고현덕 · 김태일 지음, 《살아있는 과학교과서 1》, 휴머니스트, 2006
황원삼 지음, 《세계사를 바꾼 천재 과학자 이야기》, 일진사, 2003

http://museum.kt.com KT 정보통신박물관
http://office.kbs.co.kr/museum/ KBS 방송박물관
http://www.estudy.or.kr 한국정보화진흥원 배움나라
http://www.i-museum.or.kr 사이버인터넷역사박물관
http://www.kstamp.go.kr 한국 우표포탈 서비스
http://www.postmuseum.go.kr 사이버 우정박물관
http://www.ubi-park.co.kr 유비파크 체험관

테마 사이언스 8
세상을 잇는 그물, 통신

1판 1쇄 인쇄 | 2009. 10. 7.
1판 5쇄 발행 | 2014. 5. 26.

신현수 글 | 최상훈 그림

발행처 김영사 | **발행인** 박은주
편집주간 전지운 | **책임편집** 문자영 | **책임디자인** 전성연
편집 고영완 김지아 박은희 김효성 김보민
디자인 김순수 김민혜 윤소라 고윤이
만화연구소 김준영 김재윤 | **해외저작권** 김소연
마케팅부 이재균 김형준 양봉호 강점원 정완교 이지현
제작부 안해룡 박상현 김일환 김수연
등록번호 제 406-2003-036호 | **등록일자** 1979. 5. 17.
주소 경기도 파주시 문발로 197 (우413-120)
전화 마케팅부 031-955-3100 | **편집부** 031-955-3113~20 | **팩스** 031-955-3111

ⓒ 2009 신현수
이 책의 저작권은 저자에게 있습니다.
저자와 출판사의 허락 없이 내용의 일부를 인용하거나 발췌하는 것을 금합니다.

값은 표지에 있습니다.
ISBN 978-89-349-3565-0 73500
ISBN 978-89-349-2249-0 (세트)

좋은 독자가 좋은 책을 만듭니다. 김영사는 독자 여러분의 의견에 항상 귀 기울이고 있습니다.
독자의견 전화 031-955-3139 | 전자우편 book@gimmyoung.com
홈페이지 www.gimmyoungjr.com | 어린이들의 책놀이터 cafe.naver.com/gimmyoungjr

교과연계

3-2 사회	1. 고장 생활의 변화 (2) 교통·통신의 발달
4-2 사회	2. 가정과 여가 생활 (2) 여가 생활의 변화
5-2 사회	2. 정보화 시대의 생활과 산업 (1)정보화 시대의 생활
	(2) 첨단 기술과 산업의 발달
5-2 과학	6. 전기 회로 꾸미기
6-2 사회	2. 함께 살아가는 세계 (1)변화하는 세계의 여러 나라
	(2) 지구촌 속의 우리 나라
6-1 과학	7. 전자석